REBECA TOYAMA

CARREIRA SAUDÁVEL

Literare Books
INTERNATIONAL
BRASIL · EUROPA · USA · JAPÃO

Copyright© 2023 by Literare Books International
Todos os direitos desta edição são reservados à Literare Books International.

Presidente:
Mauricio Sita

Vice-presidente:
Alessandra Ksenhuck

Chief Product Officer:
Julyana Rosa

Diretora de projetos:
Gleide Santos

Capa, diagramação e projeto gráfico:
Gabriel Uchima

Revisão:
Ivani Rezende

Chief Sales Officer:
Claudia Pires

Impressão:
Gráfica Paym

Dados Internacionais de Catalogação na Publicação (CIP)
(eDOC BRASIL, Belo Horizonte/MG)

T756c Toyama, Rebeca.
   Carreira saudável: a realização de se tornar um líder sustentável / Rebeca Toyama. – São Paulo, SP: Literare Books International, 2023.
   200 p. : 16 x 23 cm

   Inclui bibliografia
   ISBN 978-65-5922-653-5

   1. Liderança. 2. Carreira. 3. Sucesso nos negócios. I. Título.
   CDD 658.4

Elaborado por Maurício Amormino Júnior – CRB6/2422

Literare Books International.
Alameda dos Guatás, 102 – Saúde – São Paulo, SP.
CEP 04053-040
Fone: +55 (0**11) 2659-0968
site: www.literarebooks.com.br
e-mail: literare@literarebooks.com.br

REBECA TOYAMA

CARREIRA SAUDÁVEL

AGRADECIMENTOS

Começo agradecendo aos meus pais. À minha mãe, que além de ter me dado a vida, me motivou a sempre ir além. Ao meu pai, um ser humano incrível e exemplo de sucesso profissional. À Rebeca Chaves, a Davi Benzecry e aos outros filhos que não se fazem presentes, por serem a inspiração da minha visão de futuro. Ao meu marido e parceiro de vida, Denis Fred Benzecry, que me incentivou a começar e que, nos momentos difíceis, me presenteia com suas palavras sábias para me fazer continuar. Ao meu irmão Richard, sua esposa e filhos, que me ajudam a enxergar a vida além dos meus olhos.

À minha amiga e sócia Marcela Melo, com quem tenho a honra de construir uma empresa de sucesso. À ACI – Academia de Competências Integrativas, por servir de palco para que tantas histórias lindas aconteçam.

À amiga Isabel Campos, que esteve presente em muitas das passagens que conto neste livro. À Dulce Magalhães, que continua me ensinando a acreditar em mim, mesmo hoje estando em outro plano.

Ao Maurício Sita, que há dez anos fez o convite para escrever este livro e que, além da paciência de esperar meu tempo para aceitar o convite, contribuiu com sua experiência durante toda criação desta obra. Ao Gilberto Mendes, amigo de infância, que aceitou o desafio de transformar as ferramentas apresentadas neste livro em aplicativos.

À Vera Saldanha e Manoel Simão, que me apresentaram a Psicologia Transpessoal. À Marlise Aparecida Bassani, por ter aceitado o desafio de orientar uma administradora num mestrado em Psicologia Clínica.

Ao Irineu Toledo, por me incentivar com leveza e maturidade a subir nos palcos como palestrante. Ao Sergio Tinen, que, ao me convidar para palestrar no Japão, resgatou minha conexão com minha ancestralidade em Okinawa.

Um agradecimento especial para: Bruna, Claudia, Elisabete, Flávio, Luiz, Juliana, Marcela, Marcos, Mariano e Vicente, por doarem um pouco de seu tempo e sua história neste livro, mostrando que é possível ter uma Carreira Saudável e ser um Líder Sustentável.

A todos clientes e alunos, minha gratidão por confiarem em mim e na ACI e por motivarem minha busca por aperfeiçoamento contínuo.

A todos os colaboradores, parceiros, sócios e fornecedores, que estão ou estiveram na ACI; por vocês serem parte desta história.

Dedico este livro aos meus antepassados, em honra a tudo que eles viveram para que eu chegasse até aqui.

Finalizo pelo começo, agradecendo a Deus, por nutrir e guiar meus passos.

PREFÁCIO

Com muita satisfação, escrevo este prefácio abrindo o livro tão importante na carreira de Rebeca e, certamente, para a vida de seus leitores. Meu encontro com Rebeca aconteceu há mais de vinte anos, quando ela foi aluna na Pós-Graduação em Psicologia Transpessoal com foco na Abordagem Integrativa Transpessoal (AIT). Sua presença sempre foi muito especial e após formar-se continuou junto à nossa equipe como docente palestrante, no Brasil e em Portugal.

A leitura de Carreira Saudável transborda alegria, entusiasmo e oportunidade. O livro é um incentivo a todo leitor que deseja sentir a presença da autora caminhando lado a lado, inspirada em honrar sua ancestralidade e fazer frente à criatividade e incessante busca de aprimoramento e conhecimento.

As reflexões compartilhadas de seus clientes retratam verdades e vidas transformadas. Expressam medo e, ao mesmo tempo, apoio, coragem e compreensão que encontraram ao longo da jornada com a autora e as conquistas que alcançaram com as ferramentas por ela utilizadas. São experiências de vida reais que certamente encantarão e incentivarão o leitor, pela clareza e autenticidade que revelam.

O quanto me alegra ver nesta obra um dos aspectos da Abordagem Integrativa Transpessoal, o eixo experiencial amplamente vivenciado por Rebeca. Uma jornada heroica que compartilha, resgatando seu poder e determinação pessoais e conectando-a a seu propósito maior.

Ao mesmo tempo que expande sua espiritualidade, sua objetividade permite que todos possam trilhar este caminho pessoal e profissional de excelência. As palavras parecem brotar diretamente de seu coração, levando a questionamentos que ajudam a clarear a visão de seu leitor. A autora vai descortinando, passo a passo, sua trajetória desde o Jardim do Ser até a maturidade da ACI e descreve as dez ferramentas que utilizou com habilidade, de forma minuciosa.

Certamente há momentos que as perguntas irão levar o leitor a indagar se realmente deseja fazer a conexão consigo, que o livro propõe. Cada ferramenta é um desafio e um convite àquele que realmente deseja saber quem é, qual é o seu desejo, como conquistá-lo, por que realizá-lo e para quem.

A autora nos mostra que não somos isolados, e, tudo o que reverberamos, nos retorna multiplicado para o bem, ou para o mal. O resultado depende de nossas escolhas e de como utilizamos nossos talentos e valores. Ela nos presenteia com o próprio relato de vida em que reorientar a sombra e luz se tornou exigência e, ao se permitir fluir no processo, percebeu que era um contínuo de possibilidades que se revelava. Cada história conta as maravilhas inusitadas da vida. Ao se mudar o nosso olhar, muda-se a realidade e, o que se percebia como obstáculo, transforma e fortalece.

Rebeca nos ensina que é fundamental termos responsabilidade com os nossos dons e compreendermos a que viemos e quais são nossas competências e que isso acontece não só pelo conhecimento, mas também pelo autoconhecimento. Acrescento: e pela própria dimensão transpessoal.

Sua visão otimista não passa pelo simples chavão motivacional, mas traz um otimismo ativo, que envolve buscas, ações, muito trabalho e estudo para a conquista de resultados. Ela traz alertas importantes de autossabotadores, os arquétipos da vítima, do algoz ou do salvador.

Assim, no desenrolar do livro, vamos conhecendo ainda mais Rebeca em seus talentos, valores e decisões, suas maiores influências, sua inteligência prática, conquistas e desafios. Uma vida que retrata autenticidade e sonhos. Que ensina a sonhar e desvendar os próprios sonhos.

Um livro de excelência que desperta a atenção, o cuidado e o amor à vida. Ao mesmo tempo que expande a sua consciência, tem a objetividade que o leitor necessita para que possa trilhar sua Carreira Saudável, para si e para o mundo.

Com leveza, emoção e cores, Rebeca cumpre nesta valiosa obra sua tarefa prometida, do início ao fim!

Vera P. Saldanha,
presidente da Associação Luso Brasileira de Transpessoal (Alubrat)
e doutora em Psicologia Transpessoal (FE Unicamp).

NOTA DA AUTORA

Como professora, orientadora e pesquisadora, gostaria de registrar que minha intenção não foi escrever um trabalho acadêmico, mas sim compartilhar um pouco da minha experiência e beneficiar pessoas, além dos clientes da ACI. Minha experiência de vida é retratada a partir da minha história pessoal, profissional e de vivências dos milhares de clientes e alunos atendidos com amor, acolhimento e leveza, além de muito profissionalismo. Acompanhei inúmeras transformações de pessoas que convivem comigo até hoje, tamanha gratidão e fidelidade que carregam em relação à ACI e tudo o que proporcionamos a elas.

Este livro é um registro de quem sou, de quem fui e de quem ainda serei, bem como parte da história da ACI, das dez principais ferramentas práticas que desenvolvi, registros de depoimentos marcantes de alguns de nossos clientes e o mais importante de tudo: o meu desejo de colaborar com o mundo, com o meu conhecimento e experiência, o que me permite atuar no desenvolvimento de Líderes Sustentáveis.

Esta obra é parte do meu propósito de vida, não tem ambição de provar nada a ninguém, mas de compartilhar para somar, agregar e transformar.

INTRODUÇÃO

Quem sou eu?

Rebeca Toyama, uma bolinha de amor nascida numa noite fria de junho de 1976. Meu nascimento foi considerado um milagre, já que uma enfermeira precisou subir sobre a minha mãe para me virar na barriga dela e, depois, me puxar.

Tiveram que usar fórceps duplo para a minha chegada, o que me rendeu uma marca na testa até hoje, um pouquinho amassada. Acabei chorando um tempo depois de nascer, com uma nota na escala de APGAR bastante ruim, uma avaliação que o recém-nascido recebe logo ao nascer.

Talvez tenha começado ali a superproteção da minha mãe em relação a mim, pois, de acordo com ela, e os médicos, eu nasci bem pequenininha, parecendo uma gelatina, não tinha nem orelha formada e calculava-se que tinha passado por menos de oito meses de gestação.

Com tudo isso, fui considerada um milagre e, por essa razão, minha genitora passou a vida entoando, quase como um mantra, que eu também deveria operar milagres. E, segundo ela, esse caminho seria pela medicina.

"Médica, eu? Jamais!"

Tenho ancestralidade no Japão, mas demorei para reconhecer e honrar esta parte da minha história, tão importante. No caminho em que a vida me colocou, hoje entendo que tudo fez parte de um plano maior, que acredito que todos temos.

Cada um nasce com um propósito e, para realizá-lo, recebemos duas sacolinhas, uma de talentos e outra de valores. E assim, a vida vai nos guiando no caminho que devemos trilhar. Quando não estamos satisfeitos, é porque não estamos respeitando algum de nossos valores ou não estamos utilizando nossos talentos como poderíamos e, consequentemente, nos distanciando de nosso propósito.

No mundo profissional

Tenho uma longa formação e experiência profissional, um tanto eclética, que me permitiu fortalecer os valores e talentos que recebi ao nascer. E mais do que isso, após uma trajetória, que começa em tecnologia e segue para administração com especialização em comércio exterior, vai para o mercado financeiro; depois, para o mundo corporativo de uma das maiores montadoras do país, MBA em *Marketing*, pós-graduação em Psicologia Transpessoal, Eneagrama, governança corporativa, Yoga, o mestrado em Psicologia Clínica e outras experiências, que também me levaram a passar por outras empresas, além do mundo acadêmico. Decidi criar o meu método de ensino e compartilhá-lo por meio da ACI, Academia de Competências Integrativas.

Não foi um caminho linear, tampouco pouco detalhadamente planejado, mas uma trajetória de descobertas, práticas e fundamentos que me moldaram dentro do conhecimento que fui adquirindo no decorrer da vida, a ponto de estruturá-lo de maneira que pudesse propagá-lo aos demais.

O que isso significa?

Minha jornada me permitiu conhecer a fundo como funciona o mundo dos negócios, os cargos de alta gestão, liderança e seus maiores desafios, somados ao mundo acadêmico com sua especificidade, me trazendo a compreensão mais importante de todas:

> O que move o mundo são as pessoas!
> **REBECA TOYAMA**

De imediato, não fui compreendida pelo meio onde me encontrava e percebi que podia reunir toda a minha experiência como Líder e ir além. Não foi um processo rápido que se estabeleceu da noite para o dia, mas o resultado de anos de vida profissional, pessoal, acadêmica, somada aos conhecimentos e vivências que fui adquirindo nessa jornada.

Criei uma metodologia no ano de 2008. Tive a intenção e o objetivo de ajudar a desenvolver Líderes e Gestores de qualquer área de atuação, sob um ponto de vista que ainda não era oferecido no mercado de Desenvolvimento Pessoal.

A essa altura da vida, eu finalmente pude compreender a minha mãe, pois me tornei sim uma grande médica, mas uma Médica da Alma, já que passei a me dedicar a trabalhar de forma integrada com as quatro dimensões do ser humano: razão, emoção, intuição e sensação, levando-o a um maior entendimento dele mesmo, de forma que minha colaboração lhe proporcionasse uma transformação na carreira e na vida, em todos os seus âmbitos.

Desenvolvendo melhores profissionais para o mercado

A metodologia criada por mim e propagada pela ACI, também fundada a partir do meu propósito, visa ao desenvolvimento com abordagem integrativa: nada está separado, nossa esfera profissional e pessoal deve integrar as quatro dimensões, conectar o passado, o presente e o futuro.

Assim como na minha existência e de qualquer ser humano, temos paralelamente à vida pessoal e profissional, saúde física, emocional, mental, espiritual e financeira acontecendo. Assim, todos os nossos processos levam em consideração que executivos, gestores, líderes ou colaboradores não têm e não devem ter uma vida resumida apenas na carreira. Viver é muito mais do que isso, e se uma pessoa que nos chega apresenta seu quadro em desequilíbrio, por estar focado apenas no trabalho, mostraremos um caminho saudável, organizando dentro: medos, sonhos, desejos, pensamentos, emoções, sentimentos e crenças, para equilibrar fora: vida profissional e pessoal.

Ninguém é somente razão, como ninguém é só emoção, corpo ou intuição, somos o resultado da relação entre essas dimensões e a vida é uma busca constante do equilíbrio entre todas essas partes.

Vale ressaltar meus papéis como filha, mãe, esposa, amiga, estudante, além de empreendedora, líder e mentora. Ninguém é uma coisa só e todo conhecimento é integrado no mesmo processo, toda experiência de vida. Todos os fatos e detalhes da nossa vida formaram quem somos.

Eu não sou apenas a Rebeca profissional, mas uma Rebeca com vários papéis. E os levando em consideração com o devido respeito, atenção e reconhecimento que merecem, eu criei uma metodologia que vem ajudando milhares de pessoas até hoje.

Uma Carreira Saudável é possível quando planejamos um estilo de vida que integra resultados à qualidade de vida.

Porta-voz da ONU no Brasil

Uma das minhas funções que fico orgulhosa de ter conquistado é ter me tornado Porta-voz da ODS 8 (Objetivo de Desenvolvimento Sustentável), do Programa Liderança com ImPacto do Pacto Global Brasil, da Organização das Nações Unidas no Brasil. Essa importante função aconteceu depois da minha empresa ter se tornado signatária da ONU.

Durante meu caminho, fui capaz de perceber a necessidade de um pensamento menos individualista e mais colaborativo. Após a pandemia, senti que meu propósito precisaria ser muito maior que eu. A ACI deveria ser maior do que vinha sendo nos últimos anos.

Foi quando escrevi uma carta para ONU solicitando que a ACI passasse a ser uma signatária do Pacto Global.

Carreira e Liderança Sustentável

Carreira é o caminho que nos leva ao propósito e o Líder Sustentável é aquele que consegue ter uma Carreira Saudável, pois essa é a única direção que ele pode seguir para ajudar outras pessoas a alcançarem o mesmo.

O primeiro passo é a Liderança com a intenção de nos autoliderarmos para poder liderar os demais.

Qual o objetivo deste livro?

A ACI está hoje com mais de 20 anos no mercado, atuando em educação corporativa e desenvolvimento de pessoas, sendo uma academia que acredita que o potencial humano é o caminho para negócios sustentáveis.

Sua metodologia exclusiva é capaz de desenvolver pessoas para atuar num cenário cada vez mais complexo, ambíguo e incerto, além de integrar as pessoas em suas quatro dimensões, entregando para o mercado líderes sustentáveis capazes de inspirar pessoas a criar as próprias histórias.

Um dos maiores desafios das empresas é entregar os resultados prometidos aos sócios e investidores, promovendo um impacto positivo na sociedade, respeitando o meio ambiente e o bem-estar de seus colaboradores.

A proposta de trabalho da ACI tem como foco oferecer caminhos e respostas para esse desafio que tem preocupado organizações de todos os portes. E temos tido bons resultados nesse intento.

Somado o nosso sucesso e reconhecimento à intenção de que pessoas tenham uma Carreira Saudável, este livro tem o objetivo de compartilhar e propagar a melhor parte de tudo que eu construí por meio da ACI, de nossos colaboradores e, principalmente, do método exclusivo que integra as pessoas à sua totalidade.

Existem mais de trezentas ferramentas de desenvolvimento pessoal criadas, mapeadas e adaptadas pela ACI, das quais dez compartilho neste livro, justamente as que considero essenciais e possíveis de se aplicar individualmente, sem supervisão, para fortalecer pessoas que estão buscando um crescimento, recolocação profissional ou maior clareza de onde se encontra num dado momento, quem é agora e para onde pode e deseja ir em seguida.

Promover esse conhecimento, compartilhá-lo, faz parte do propósito em entregar para o mundo, e não apenas para os nossos alunos e clientes, mas todo aquele a quem chegar este livro e compreender que podemos ir além, se agirmos de forma autêntica e coerente com quem somos.

Não é errado trabalhar a partir de um olhar individual para trilhar nossos caminhos e alcançar nossos objetivos, mas podemos fazer e ser muito mais, desenvolvendo um olhar colaborativo, que vai transformar o mundo em um lugar melhor para se viver, se não para nós mesmos, para nossos filhos, netos, bisnetos e todos que vierem depois, na descendência abençoada que pretendo deixar, seja por meio do meu exemplo, do meu legado, trabalho e pelos líderes que estamos formando.

Desejo a todos os leitores que possam absorver este sentimento que transforma, cura e edifica, primeiro como ser e, depois, como o todo, a unidade da qual fazemos parte.

Como se faz isso?

Este livro tem o objetivo de ajudar você a desenvolver a sua carreira. Pense em um objetivo específico que possui nesse momento, que engloba a sua vida profissional, pois assim como razão, emoção, intuição e sensação deveriam atuar de forma integrada, a vida também acontece em vários âmbitos, numa linda dança de altos e baixos, dois para cá e dois para lá, alternando o que nos fortalece num dia e o que nos abate no outro, nos permitindo o equilíbrio entre aquilo que num instante está perfeito e, no outro, precisa de cuidado.

Nosso processo ocorre de dentro para fora, compreendendo de onde viemos, quem somos, quais as competências que já temos e quais devemos desenvolver para criar o futuro.

Assim é a vida, assim aprendemos o ritmo, pulsante e latente neste mundo.

> Viver é afinar o instrumento
> De dentro pra fora
> De fora pra dentro
> A toda hora, todo momento.
> **LEILA PINHEIRO (SERRA DO LUAR)**

Como eu descobri o meu propósito de vida

A minha mãe sempre me dizia que eu ia ser médica, mas jamais me conectei com o desejo dela, assim como não assimilei o medo que ela tinha e a certeza de que homens eram maus e o mundo muito perigoso. Se dependesse da forma como ela percebia a vida, eu estaria numa redoma até hoje.

Talvez minha mãe tenha me olhado com os olhos de quem via a minha fragilidade e delicadeza por fora, mas gosto de pensar que, no fundo, ela apenas me enxergava com os olhos do amor, do seu amor.

Se até a minha mãe, por boa parte do seu tempo de vida, me via pelos olhos da aparência física, nunca fiquei surpresa por ver no semblante de meus clientes o espanto quando me conheciam pessoalmente.

— Mas eu imaginava uma mulher tão diferente, talvez, maior, loira, uma judia pelo nome...

Eu apenas sorrio e sigo em frente.

"Vim ao mundo para causar!"

A primeira tentativa

Eu ainda era bem jovem quando fui estudar teatro. Ali, senti que tinha encontrado um bom caminho e uma forma de expressar a vida que tinha por dentro. Eu sabia que era diferente do que minha mãe queria que eu fosse, não a julgava nem sentia raiva, mas pulsava em mim o desejo de ser eu mesma, embora não soubesse bem o que isso seria.

Eu já estava em busca de um sentido para minha vida mesmo que desconhecesse o teor dessa palavra na profundidade que tanto se fala nos dias de hoje.

Minha família não me apoiou nessa empreitada. O contrário. Por isso, eu acabei mudando o rumo. E melhor, sem brigas e sem discussão, mas com leveza.

— Vou fazer alguma coisa que não tenha que lidar com pessoas!

Eu realmente acreditava que o mais difícil da vida era lidar com gente.

"Por que será?"

Hoje percebo que não briguei com a vida, no sentido de tudo que ela me dava ou tirava do meu caminho, já compreendia, de alguma forma, a resiliência que carregava, que me permitiu o fluir natural das coisas que tinham de ir e vir.

Com o tempo, essa resiliência e aceitação, que foram inerentes a minha forma de ser, me permitiram que muitas oportunidades simplesmente chegassem a mim.

O meu esforço foi sempre para o trabalho, aquisição de conhecimento e o fluir natural da vida foram algo para o qual demandei energia de forma leve, porque eu me pus no fluxo dela: da existência.

Eu nasci um bebê fofinho, que quase se tornou uma mistura de Samurai com lutador de Sumô, mas assim como no processo que utilizo hoje no meu trabalho, fui aprendendo a mergulhar em mim mesma e ser quem eu sou, todas as experiências me levaram a este conhecimento e equilíbrio de mim mesma.

Por isso, embora o teatro tenha sido algo marcante e feliz na minha trajetória, foi como um marco de um tabuleiro, que eu fiquei em uma casa e pulei, logo em seguida.

No fluxo da vida!

A primeira formação

Cursei processamento de dados. Achei que esta primeira formação me ajudaria a ter um rumo, que não precisasse tanto lidar com pessoas, mas com máquinas que, naquele momento, já mostravam ser uma tendência do futuro.

Talvez de forma inconsciente, sei que escolhi essa formação para agradar meu pai, que ficou muito feliz com a minha escolha.

"O que não fazemos para honrar os nossos pais e amá-los de forma inconsciente?"

Mas valeu a pena!

Já minha mãe dizia:

— O mundo é perigoso, Rebeca. E os homens são maus!

Embora eu não acreditasse em suas mais veementes afirmações, talvez de forma inconsciente ela me influenciasse mais do que eu era capaz de perceber.

Você é capaz de imaginar? A vida para mim parecia melhor num convento do que no mundo.

O importante aqui é o fluir da minha vida do ponto de vista da resiliência, que me permitiu um rápido e natural seguir em frente, apenas contornando obstáculos, assim como a água de um rio contorna suas pedras.

O plano deu certo. E eu consegui o meu primeiro emprego.

O primeiro trabalho

Aos quinze anos, parecendo uma menininha de um conto de fadas, devido ao meu tamanho, aparência frágil e delicada, lá fui eu trabalhar como *Office Girl*, feliz e contente, dentro de uma instituição financeira.

Você imagina o pavor da minha mãe? A menininha dela, frágil e pequenininha, indo trabalhar todos os dias num lugar majoritariamente habitado por homens?

Eu ainda estava no colégio e achava as pessoas tão complexas, inclusive as da minha própria casa.

Mas assim foi! Eu esbanjava tanta autoconfiança, como desde pequena no jardim de infância, na escola e em todo lugar, que as pessoas prestavam atenção nas minhas ações. Viam o potencial de quem já sabia ser alguém na vida, uma pessoa, ainda que pequenininha, que queria crescer, que, em um momento ou outro, descobriria que talvez sua mãe realmente tinha razão sobre seu propósito e sobre como os homens realmente poderiam ser maus.

Não passou muito tempo e eu fui convidada para ir para a mesa de operações.

Sim, a menininha delicada da minha mãe indo para uma mesa, na qual se negociavam milhões de dólares, diariamente.

— Por que não? É claro que eu vou!

Como tudo na vida, segui no fluxo.

E prosperei.

Aos 18 anos, já estava comprando meu apartamento e indo morar sozinha. Comprei meu carro e tudo o que alguém da minha idade podia sonhar naquela época.

E minha mãe começou a finalmente enxergar que eu não era a menininha frágil do conto que ela mesma inventou, mas tinha a força de uma heroína.

"Ou vilã..."

E foi ali, na mesa de operações, que eu adquiri não apenas o conhecimento do mercado financeiro, mas muito mais: como liderar um mercado dominado por homens? Quais são os macetes do mundo dos negócios? Seus segredos?

Com o meu jeitinho, fui descobrindo as respostas de que precisava para todas as perguntas que surgiam para mim. E fui aprendendo, cada vez mais. Incorporando todo conhecimento possível.

É essencial que nós, como seres humanos, possamos compreender que todo passo, cada situação que vivenciamos, nos leva ao caminho que devemos seguir.

O dia em que tudo muda

A vida estava seguindo bem. Mas, como altos e baixos nunca são previstos, uma grande mudança na política e, por consequência, na economia, fez que aquele mercado mudasse do dia para noite com a chegada do Plano Real. Foi então que todo meu conhecimento profissional se tornou obsoleto. Na sequência, recebi um convite e uma nova porta se abriu:

— Rebeca, vamos montar uma consultoria para mexer com a economia real?

"Hum. Por que não?"

Eu já era administradora formada e estava apta a aceitar o desafio.

As oportunidades pareciam cair no meu colo. E agora eu percebo a aceitação e resiliência que sempre carreguei. Eu nunca precisei correr atrás de oportunidades. As situações simplesmente chegavam como elas eram e eu as aceitava. A sorte é quando a oportunidade encontra alguém preparada.

Eu fui uma daquelas pessoas a participar de todo tipo de treinamento possível na área de autoconhecimento. E me tornei uma grande incentivadora para que todos façam o mesmo.

E assim segui. Grandes clientes e investidores vieram para a minha consultoria, na qual eu comprava e vendia empresas na raça, aos dezenove anos: posto de gasolina, indústrias, comércio e o que surgisse. A minha função era identificar e analisar oportunidades de comprar empresas, então eu as tornava saudável e as revendia. Vivíamos um momento no qual governança, *compliance*, ESG eram muito mais desconhecidos que hoje.

Na prática, foi como estar numa pós-graduação de primeira linha, pois eu aprendi nas tantas lições sobre negócios como jamais poderia imaginar.

Retorno ao mercado após a maternidade

Fui trabalhar numa empresa de Telecom, com uma recolocação tão rápida no mercado, que saiu na capa do Jornal Folha de S. Paulo. Na época, eu fui um exemplo positivo da mulher que sai do mercado de trabalho para se tornar mãe e, depois, se recoloca com sucesso. Mas não durou muito tempo.

Mudanças outra vez.

"E resiliência!"

A Galeria de Arte

Com uma amiga, tive a ideia de criar uma Galeria de Arte que reunia um bistrô, uma livraria e uma adega de vinhos, que me trouxe grande satisfação, pois unia aquilo que aprecio: literatura, gastronomia, arte e vinho. Mas também não durou muito.

Ao mesmo tempo, cheguei a dar aulas no Sebrae, por conta do meu conhecimento empresarial. Numa das aulas, fui convidada para fazer parte do corpo docente de uma faculdade.

Apesar da breve descrição do acontecimento, é importante que a gente se torne capaz de perceber que, mesmo eventos breves, podem ter um impacto lá na frente, que nos molda e nos guia ao propósito de vida.

Nada é por acaso e nada é em vão, tudo é aprendizado e um constante construir de nós mesmos.

Como professora

Inicialmente, as aulas foram muito boas para mim. Eu sempre gostei do mundo acadêmico, mas nessa primeira fase a experiência também acabou sendo breve. E eu sempre me perguntava o porquê de ser tão difícil conviver com pessoas.

"Por que as pessoas não sabem se relacionar? Para que tanta competição e estresse? Por que raios é tão complicado conviver?"

As reflexões me incomodavam. Com o tempo, fui descobrir que esse incômodo foi muito positivo, pois foi o combustível para chegar aonde eu tinha que chegar.

Todo incômodo deve ser encarado como uma mão invisível do destino, cutucando a gente para sair do lugar-comum, instigados a pensar e criar algo melhor.

Naquele momento, muitas coisas estavam acontecendo em minha vida e não só no cunho profissional, mas em todos.

Meu casamento não ia bem. O fechamento da Galeria de Arte doía em mim. Eu também fui desligada da função de professora, perdi um bebê, repetindo o padrão da minha mãe e aprendendo a me colocar no lugar dela, de sentir os medos que ela havia sentido e, financeiramente, fiquei sem nada de um dia para o outro.

E sabe o que eu fui fazer?

Uma formação de Yoga.

Ainda em busca de um propósito...

Seguindo o meu caminho, fui parar em uma grande multinacional, montadora de veículos, sonho de consumo de todo executivo. Lá, como em toda a minha carreira, trabalhei com altos executivos e grandes investidores. Eu mesma me tornei diretora algumas vezes, quando não empreendedora. Mas o conflito entre as pessoas era algo que frequentemente estava lá se sobressaindo, saltando aos olhos de quem pudesse observar e ler meus pensamentos.

"Por que as pessoas vivem em pé de guerra?"

Nos altos cargos de gestão e como líder por natureza e de função, percebi que eu mesma precisava mudar. Não estava feliz com a forma que via as pessoas convivendo, até o momento em que entendi que precisava trabalhar tudo isso, pois eu também me tornei uma gestora truculenta, devido à necessidade de me defender.

Eu sabia fazer e fazia, mas nem por isso devia atropelar as pessoas no caminho. E eu atropelava, com doçura e flores, mas atropelava.

Como dizia Rita Lee na canção *Agora só falta você*: "Um belo dia resolvi mudar e fazer tudo o que eu queria fazer. Me libertei daquela vida vulgar".

Já havia feito MBA em *Marketing*, então decidi estudar Psicologia Transpessoal.

O que move o mundo são as pessoas

Pela minha leitura da Psicologia Transpessoal, cheguei à conclusão de que são as pessoas que movem o mundo. Não são os processos, os produtos, os projetos, a praça ou o *profit,* dinheiro. As empresas e gestores estavam focando demais em alguns Ps e deixando o P de pessoas de lado.

Foi ali que eu comecei a mudar.

E foi nesse instante que o meu propósito começou a aflorar.

E saiba, o propósito pode não ser muito claro e óbvio à primeira vista, mas é aquilo que passa a alimentar seus pensamentos e ações.

E se for algo que também move o mundo, aí sim esse é o caminho.

O propósito é uma crença que passa a mudar a sua vida, porque antes muda o seu jeito de ver e viver a vida em você mesmo.

E depois transforma o mundo.

Além do propósito, gosto de me lembrar da frase que diz: *"A gente colhe o que planta"*. O quanto estamos preparados quando a colheita chega? Vejo muitos clientes que trabalham por anos a fio num determinado projeto e que não se sentem prontos quando a colheita chega.

É importante estar bem, se cuidar diariamente porque a vida é um constante plantar e colher. É certo que temos fé e esperança quando plantamos, mas também é essencial nos cuidarmos, plantando em nós mesmos a confiança, a resiliência e motivação.

Assim, perceberemos o tempo da colheita, para que ela não se atrase e seja feita com o mesmo amor e esperança que foi plantada.

Quanto você está preparado para colher hoje?

SUMÁRIO

CAPÍTULO 1
PONTO DE PARTIDA 33

    Primeira ferramenta:
    Definindo o objetivo 36

    Depoimento do Mariano.
    O melhor investimento que eu fiz na carreira 39

CAPÍTULO 2
DE ONDE EU VIM 43

    Segunda ferramenta:
    A origem 48

    Depoimento da Marcela.
    Meu lugar é ao lado dela 56

CAPÍTULO 3
POR ONDE EU ANDEI 61

    Terceira ferramenta:
    Biografia 72

    Depoimento do Luiz.
    Aposentadoria: a passagem para uma nova vida 74

CAPÍTULO 4
PARA QUE EU SIRVO 79

Quarta ferramenta:
CHAVE - Inventário de Competências 82

Depoimento da Claudia.
Relembrando quem Eu Sou 92

CAPÍTULO 5
QUEM EU SOU 97

Quinta ferramenta:
Narrativa Autobiográfica 107

Depoimento do Marcos Bernardo.
O câncer, um recado da vida 109

CAPÍTULO 6
PARA ONDE EU VOU 115

Sexta ferramenta:
Visão de futuro 119

Depoimento do Vicente.
Uma pessoa nada comum 127

CAPÍTULO 7
QUEM JÁ CHEGOU LÁ 133

Sétima ferramenta:
Benchmark 138

Depoimento da Juliana.
Uma mulher forte, decidida e em equilíbrio 143

CAPÍTULO 8
MEUS CONSELHEIROS 147

Oitava ferramenta:
Consultando o REIS 153

Depoimento do Flávio:
Socorro! O que eu faço comigo? 156

CAPÍTULO 9
COMO EU CHEGO LÁ 161

Nona ferramenta:
SWOT Pessoal 167

Depoimento da Bruna.
Por quanto tempo um sonho pode
adormecer em nós mesmos? 169

CAPÍTULO 10
MÃOS À OBRA 177

Décima ferramenta:
Plano de Ação 187

Depoimento: Elisabete.
Tudo começou com um lápis de cor 188

CAPÍTULO 11
SOBRE PROPÓSITO, LEGADO E EPITÁFIO 195

CAPÍTULO 1

PONTO DE PARTIDA

Organizações aprendem
apenas através de
indivíduos que aprendem.
PETER SENGE

1

Antes de revelar a primeira das dez ferramentas, quero apresentar o conceito de Carreira Saudável. Começo pontuando que carreira não é apenas o caminho que um profissional percorre dentro de uma grande empresa. Carreira, respeitando a própria origem da palavra, é o caminho que todos nós percorremos ao longo da vida, na busca para construir nosso legado. Quando uso a palavra saudável, tenho o objetivo de mostrar que essa jornada pode e deve acontecer sem comprometer nossa saúde ou vida pessoal, mas, acima de tudo, que essa carreira possa estar alinhada com algo maior, que aqui estamos chamando de propósito.

Quando você encontrar o termo *Liderança Sustentável*, estou falando de um movimento que começa de dentro para fora. Não se trata apenas de liderar pessoas ou processos. Trata-se de liderar dentro para inspirar fora, o que ao longo do livro você verá que demanda muito autoconhecimento e visão de futuro.

Um líder precisa ser capaz de ter uma Carreira Saudável para conseguir guiar seu liderado nessa direção. Ter uma Carreira Saudável, enfim, é a realização de quem se torna um Líder Sustentável, pois uma Liderança Sustentável demanda uma Carreira Saudável e uma Carreira Saudável demanda uma Liderança Sustentável.

 PRIMEIRA FERRAMENTA: DEFININDO O OBJETIVO

> Viver é como andar de bicicleta.
> É preciso estar em constante movimento
> para manter o equilíbrio.
> **ALBERT EINSTEIN**

Eu narrei a minha história para que você pudesse me conhecer e perceber o quanto nossos objetivos e trajetória se conectam no decorrer da vida. É preciso um olhar maduro e atento para enxergar quais foram nossos objetivos em diferentes momentos e, assim, também descobrir quais são nossos objetivos hoje? Ou ainda, qual é o nosso objetivo de vida? O propósito de vida?

Espero que minha jornada tenha inspirado você o bastante para enxergar o seu objetivo com clareza a seguir o caminho das dez ferramentas apresentadas no livro para que você tenha um Carreira Saudável e seja um Líder Sustentável.

Boa jornada!

Objetivo

A ferramenta Definindo o Objetivo é o nosso primeiro passo, pois assim como um escritor deve saber o final de sua história para começar a escrever um livro, você precisa imaginar aonde quer chegar para ter conhecimento de que trajetória vai seguir em sua vida.

Se pretende ser um esportista que vai disputar os jogos olímpicos, não necessariamente precisa fazer um MBA. Se pretende ser empreendedor, não necessariamente precisa ser um maratonista. Caso venha a seguir numa carreira de executivo, também não necessita fazer curso de culinária. Tudo pode ser conciliado, mas existem prioridades que farão parte de seu caminho, como uma graduação, pós-graduação, formações específicas, sempre escutando as quatro dimensões: razão, emoção, intuição e sensação.

Definir o seu objetivo aqui pode ser o seu propósito ou não, pois, em diferentes fases da vida, podemos estar olhando para um objetivo em específico, além do seu propósito.

Começamos com este breve capítulo, pois a ferramenta Definindo o Objetivo é fundamental e nos levará a uma sequência de outras ferramentas que se complementam o tempo todo, tanto na definição da etapa seguinte como da interação entre elas.

Qual é o seu objetivo nesse momento?

Reflita sobre os motivos que levaram você a adquirir este livro e pense sobre o momento atual da sua vida.

Onde você está? E aonde você quer chegar?

Exercício: Definindo o Objetivo

Esta é a primeira atividade que aplico em qualquer cliente, dentro ou fora de uma empresa, pois, durante um processo ou uma leitura de um livro, não conseguiremos acolher a todas as demandas de uma pessoa. Ter foco fará toda diferença nos seus resultados, inclusive em sua experiência durante a leitura deste livro. Para facilitar, vou compartilhar o meu exercício para depois você fazer o seu.

Nome: *Rebeca Toyama*

1. Qual objetivo que você deseja trabalhar agora?
Beneficiar milhões de pessoas com a metodologia que criei.

2. Quais evidências mostrarão que você está se aproximando de seu objetivo?

    a) Fazer com que este livro se torne um best seller.

    b) O livro se tornando uma palestra internacional.

    c) Ter milhares de pessoas capacitadas pela metodologia da ACI.

É comum um cliente apresentar dificuldade de focar num único objetivo. Quando isso acontece, costumo indicar o livro *A única coisa: a verdade surpreendentemente simples por trás de resultados extraordinários.**

Agora é a sua vez! Ao longo do livro, você encontrará a seguinte figura 📖, que simboliza um convite para que você experimente a ferramenta que estamos apresentando. Isso contribuirá significativamente para a sua experiência de aprendizado. Portanto, separe um caderno e uma caneta, ou utilize um aplicativo de anotações em seu dispositivo. Quando avistar a figura 📖, é o momento de colocar em prática o que está sendo ensinado.

1. Nome 📖

2. Qual o objetivo que você deseja trabalhar agora?
Cuidado para não confundir o caminho com o objetivo. Procure materializar (descrever a forma com a qual você consiga tocar o que você quer). Evite abstrações (quanto mais concreta for sua resposta, melhor). 📖

---

* KELLER, Gary & PAPASAN, Jay. *A única coisa: a verdade surpreendentemente simples por trás de resultados extraordinários.* São Paulo: Sextante, 2021.

3. Quais evidências mostrarão que você está se aproximando de seu objetivo? Relacione as três principais a seguir (procure estabelecer metas quantitativas ou situações concretas). 📖

DEPOIMENTO DO MARIANO.
O MELHOR INVESTIMENTO QUE EU FIZ NA CARREIRA.

A Rebeca foi o melhor investimento que eu fiz na carreira!

Eu tinha 20 anos de profissão e 39 de idade quando a conheci. Trabalhava na área comercial de bancos e estava recebendo inúmeros convites para deixar o modo CLT e me tornar sócio de algum dos cerca de treze escritórios que me abordavam naquele momento.

"Como assim, eu vou deixar de ter um salário mensal? E a minha segurança, como é que fica?"

Eu sou advogado de formação, mas já estava trabalhando nessa área há muito tempo, liderando equipes e agindo totalmente no modo automático. Era uma zona de conforto, mas uma zona próspera, segura, que me deixava cego em relação a qualquer nova possibilidade, ainda que estivesse diante do meu nariz.

Eu sempre soube negociar salário, bônus, estratégia, equipe, coisas de CLT, mas não tinha noção de como negociar participação societária, repasse, assuntos de empresário ou empreendedorismo.

— O que eu faço agora?

Foi então que eu descobri o processo com a Rebeca, que durou cerca de dez meses e eu achei surpreendente de várias formas. Inicialmente, eu imaginava que tudo seria focado no profissional, mas não foi bem assim.

Ela me fez revisitar vários temas do passado e trouxe perguntas inusitadas para mim, como: "Qual é a minha essência?", "Quais são os meus valores?", "E qual dos escritórios que estão me abordando estão de acordo com o meu propósito?".

Refletir sobre esses temas me ajudou muito. Eu nem imaginava que iria passar por uma experiência tão rica, no sentido pessoal, quando contratei o processo.

— Foi incrível!

Responder às perguntas da Rebeca me fez perceber que deveria pedir a todos os escritórios que colocassem no papel todas as ofertas que estavam me fazendo.

Resultado: após a oficialização das propostas, só restaram três escritórios. Foi um filtro e tanto!

Depois do registro das intenções reais dos sócios em potencial, fiz um novo processo, conversando com meus clientes, perguntando o que eles achavam das propostas, pois eu precisaria levá-los comigo nessa migração. Depois disso, restaram só dois escritórios.

Eu não podia tomar uma decisão sozinho, tive que envolver meus principais clientes e isso durou cerca de um mês, o tempo de avaliar o interesse deles em me acompanhar na mudança. Expliquei a diferença entre um escritório e outro, falei sobre os detalhes da transição e sobre como seria o trabalho em cada um. Eles participaram, deram suas opiniões e demonstraram vontade de ir comigo. E, depois, muitos me acompanharam.

Então, quando eu fiz essa virada de chave na vida profissional, já tinha tudo amarrado e, em três meses, já consegui migrar alguns milhões de reais para o novo escritório.

Gosto demais do que eu faço, mas meu autoconhecimento e comunicação melhoraram significativamente depois do processo. Se antes eu estava num patamar 1, eu fui para um patamar 10!

Os principais benefícios não vieram sozinhos. Eu diria que o principal foi o autoconhecimento, que foi enraizando outros temas positivos, como: sair da rotina e do modo automático, perceber que não acolhia a mim mesmo, apesar de o fazer muito bem com meus clientes, aprender a praticar a gratidão e comemorar as conquistas.

Antes do processo, lembro que, quando comprei meu apartamento, eu apenas fui lá, peguei as chaves e levei um pedreiro para fazer um serviço e saí, não fiz qualquer celebração.

"Imagina!"

Hoje eu celebro as minhas conquistas, me parabenizo, vivo a alegria no dia a dia de cada coisinha que dá certo.

— E agradeço!

"Obrigado, meu Deus!"

A minha cobrança sobre mim mesmo era gigante! E a Rebeca me trouxe calma, sempre dizendo:

— Mariano, vamos olhar para o que você já fez, tudo o que já conquistou? Vamos comemorar? Vamos celebrar suas conquistas?

Eu ficava atônito, olhando para ela.

"Eu nunca sequer tinha pensado nisso..."

Eu jamais tinha sido provocado a pensar dessa forma. Foi transformador! Fez eu ver coisas importantes em que não prestava atenção.

Era minha rotina bater meta todo mês e, quando o mês virava, eu simplesmente agia como se nada tivesse acontecido, mas a verdade é que eu fazia grandes conquistas mensalmente e já não percebia mais o quanto estava indo bem.

Com tudo, eu aprendi a ser grato.

Hoje, quando faço um passeio na rua, olho todo o meu entorno como um doido e fico agradecendo por tudo!
— Obrigado! Obrigado!
Eu me tornei um ser consciente!
E esse investimento é algo que não tem preço, tem valor!

CAPÍTULO 2

DE ONDE EU VIM

O que é necessário para mudar uma pessoa é mudar sua consciência de si mesma.
ABRAHAM MASLOW

2

De onde eu vim?

C omo a maioria das pessoas, eu demorei um pouco para obter a compreensão da importância de reconhecer a minha ancestralidade.

Eu precisei aprofundar o meu conhecimento para perceber o quanto o ato de honrar nossos pais influencia diretamente a nossa vida em todos os âmbitos.

Fui criada a maior parte da vida pela minha mãe, que era neta de portugueses, enquanto meu pai, neto de japoneses. Como a maioria das pessoas de sua geração, eles não tiveram uma vida fácil, numa época em que terapia e autoconhecimento eram temas quase inexistentes.

Minha mãe parou de trabalhar assim que descobriu que estava grávida. Ela queria muito ter filhos e, como mencionado, eu fui o milagre que ela tanto tinha sonhado.

Devido ao parto prematuro, fui uma criança frágil, vivia doentinha, com bronquite e vivi a experiência de uma longa passagem em tenda de oxigênio e uma cirurgia de alto risco para extrair minhas amígdalas com poucos meses de vida. Além disso, meu intestino não funcionava, o que apenas na vida adulta descobri que era doença de Crohn.

Eu não tive uma infância muito feliz. Vivia trancada no quarto devido aos excessos de cuidados da minha genitora, que parecia sentir medo de tudo, principalmente de homens. Sua percepção sobre o mundo ser perigoso e de que os homens eram maus foi algo que a acompanhou a vida inteira.

"Sorte minha que eu não acreditei!"

Tive um irmão, um ano e onze meses depois. Eu era ciumenta e, com isso, minha mãe usou de uma estratégia nada promissora. Dentro do conhecimento dela, acreditou no pediatra que sugeriu que, se eu cuidasse do irmão, resolveria a questão.

Não resolveu. E na vida adulta criou outros problemas.

Eu e meu irmão não tínhamos liberdade para falar. Nossa mãe, como a maioria de sua geração, não tinha uma escuta muito ativa. Quando eu estava com quinze anos, meus pais se divorciaram. Meu pai saiu de casa.

Minha mãe, apesar de todos seus medos, foi uma grande guerreira. Comprou imóveis fazendo salgadinhos para fora, era muito trabalhadora e econômica. Também sofria de depressão e tentou o suicídio mais de uma vez, quando, depois de tanta exaustão com o tratamento contra o câncer, talvez somado ao processo de separação, a tenham levado a esse desespero. Eu tinha 16 anos, estava na mesa de operação, quando recebi uma ligação de casa avisando o que havia acontecido. Peguei um táxi até em casa para levá-la ao hospital às pressas.

Ela teve um câncer raro, Hodgkin. Tinha a saúde cardiovascular delicada e veio a falecer em minha companhia, depois de anos de luta. Estávamos a passeio no Rio de Janeiro.

"Eu me senti grata por estar ao lado dela em seu último suspiro!"

— Obrigada por tudo, mãe!

Os ancestrais de meu pai vieram do Japão, um lugar chamado Okinawa, considerado o lugar mais silencioso do país, que até pouco tempo eu desconhecia a relevância histórica dessa região.

"É... Meu pai realmente é um homem silencioso, de poucas palavras!"

Eu neguei a minha origem nipônica a maior parte da vida, resgate que fui fazer há pouco tempo, quando compreendi a força que carregamos ao reconhecermos de onde viemos.

Meu pai é um homem incrível, que, apesar de não ter nível universitário, foi trabalhar num banco estrangeiro e trilhou uma carreira internacional. Infartou trabalhando. O departamento de recursos humanos do banco me ligou avisando e pedindo que eu fosse para o hospital.

Resgatei meu pai na UTI, quando eu tinha vinte e três anos e finalmente caiu a ficha:

— Quem é este homem?

Eu já era adulta e tinha vivido tão focada em mim mesma e nas questões da minha mãe e irmão, que nesse dia percebi que não conhecia meu pai. E fiz questão de conhecer.

Psicologia Transpessoal

Muitos foram os cursos que realizei, mas a Psicologia Transpessoal tem me ajudado com uma compreensão cada vez mais profunda, tanto do ser humano quanto de mim mesma. A Psicologia Transpessoal me trouxe mais perguntas que respostas, e isso foi muito importante para meu autoconhecimento, pois foi assim que descobri que boa parte das respostas não estão lá fora no mundo, estão aqui dentro de mim.

A transcendência do ser humano, ainda que em situações não explicadas, é objeto de estudo da Psicologia Transpessoal, porque faz parte do ser humano, de quem ele é e de quem ele vai se tornando durante a sua vida.

Essa psicologia, iniciada por Abraham Maslow, é considerada a Quarta Força da Psicologia, ou Quarta Onda, sendo a primeira,

Psicologia Comportamental, seguida da Psicanálise e, a terceira, a Psicologia Humanista.

A Transpessoal busca a integração entre aspectos espirituais e transcendentais da experiência humana, em adição aos já consagrados conhecimentos aplicados na psicologia clássica. Questões consideradas na Psicologia Transpessoal abordam cientificamente a espiritualidade, agregando-a à complexidade, diversidade e subjetividade do ser humano.

A metodologia da ACI baseou-se, inicialmente, na Abordagem Integrativa Transpessoal, desenvolvida pela Doutora Vera Saldanha. O termo REIS (razão, emoção, sensação e intuição) que você encontrará ao longo da leitura foi cunhado por ela em sua pesquisa de doutorado. Por isso, todos os processos e ferramentas da ACI consideram a integração de todas essas partes, ao mesmo tempo, em busca do equilíbrio entre elas.

O ser humano evolui quando consegue integrar suas partes em si mesmo. A partir daí, ele transcende.

SEGUNDA FERRAMENTA: A ORIGEM

Por isso, a segunda ferramenta de nossa metodologia é justamente a que vamos chamar de Origem.

Mas o que é mesmo o significado dessa palavra?

Origem, no dicionário, tem os seguintes significados:

"Origem" vem do Latim ORIGO, "origem", da raiz do verbo ORIRI, "elevar-se, tornar-se visível, aparecer".

Perceba que todos os significados conectam a palavra origem ao que vem em seguida, o nosso crescimento e desenvolvimento. A história que estamos vivendo hoje não é algo solto e não pode ser resumido ao que estamos experimentando agora.

Por que eu devo saber disso?

Sua força depende diretamente do quanto e como você reconhece e respeita sua história. É natural, no mundo em que vivemos, nos depararmos com pessoas cheias de ressentimentos em relação aos seus pais, ou a decisões tomadas que não tiveram o resultado esperado, ou ainda ao lugar de onde veio. Talvez, você seja assim como eu, alguém que, por algum motivo, ignorava a própria origem ancestral.

É preciso estar em paz com nosso passado para que possamos prosperar no presente.

Não julgue os outros, não se culpe, aceite e viva o melhor que a vida tem a oferecer para você, que começa na sua ancestralidade, passa pelos seus pais, chega em você e reverbera em seus descendentes.

Exercício Origem

Seja bem-vindo! Esse é o início do seu processo de descoberta. Conte um pouco sobre você respondendo às perguntas a seguir (lembre-se de que o sucesso dessas ferramentas dependerá de sua total entrega e sinceridade nas respostas).

Qual o seu nome completo? 📖

Qual sua idade? 📖

Você sabe como foi o seu parto? 📖

Parto normal ( )   Cesárea ( )   Outro ( )

Quem escolheu seu nome? 📖

Pai ( )   Mãe ( )   Pai e Mãe ( )   Outro ( )

Na sua infância, qual foi a primeira vez que você ouviu falar sobre profissão, carreira ou trabalho? Elabore sua resposta de forma escrita.

Sobre o seu pai: 📖

Nome:

Idade:

Profissão:

Defina seu pai em uma palavra:

Sobre a sua mãe: 📖

Nome:

Idade:

Profissão:

Defina sua mãe em uma palavra:

Sobre sua família atual:

Parceiro: 📖

Inclua parceiros anteriores, se houver, principalmente aqueles com os quais você teve filhos.

Nome:
Idade:
Tipo de relacionamento:
Defina seu parceiro em uma palavra:

Possui filhos? Sim ou Não? Quantos e quais idades? 📖

Filho: 📖
Nome:
Idade:
Defina seu filho em uma palavra:

Inclua todos os filhos e filhas, inclusive eventuais abortos, caso tenham ocorrido.

Você pratica alguma atividade física? 📖
Sim ( )   Não ( )
Qual?
Com qual frequência?

Você possui algum passatempo? 📖
Sim ( )   Não ( )
Qual?
Com qual frequência?

Você é adepto de alguma religião ou prática espiritual? 📖

Sim ( )   Não ( )

Qual?

Com qual frequência?

Faça uma breve descrição de sua saúde física: 📖

Faça uma breve descrição de sua atuação profissional: 📖

COMENTÁRIOS SOBRE A FERRAMENTA ORIGEM

Costumo encaminhar este exercício antes de meu primeiro encontro com meu cliente. A intenção é que ele comece a se conectar com suas origens para entender de onde ele veio e como ele se formou. Comento nesse primeiro encontro que começamos a abrir a caixa de Pandora.

Por que uma pergunta sobre o parto, o modo como você nasceu?

Embora a literatura acadêmica já tenha realizado pesquisas sobre a influência do parto no comportamento das pessoas, minha intenção aqui é mostrar que nosso comportamento é moldado desde que nascemos, começando pelo parto. Durante a sessão, provoco várias reflexões sobre o tema, e o mais interessante é que meu cliente depois passa a ter mais interesse pela forma com que as pessoas ao seu entorno se comportam, sejam elas líderes, liderados, colegas e até mesmo familiares.

Por que uma pergunta sobre quem escolheu seu nome?

Algumas tradições afirmam que quem escolheu nosso nome é a pessoa que tem as pistas sobre o nosso propósito e missão neste mundo. No meu caso, minha mãe escolheu meu nome e ela sempre quis que eu fosse médica. *Rebeca* tem origem hebraica e significa aquela que une, que forma laços e hoje eu vejo o quanto este significado reflete o que faço no meu trabalho e propósito de vida. Unir as pessoas aos seus talentos e propósito, atuando como uma médica de almas.

Essa pergunta me ajuda a abrir um diálogo com meus clientes sobre a influência das expectativas de nossos pais em nossa vida, não apenas na parte profissional.

Por que uma pergunta sobre a primeira vez que você ouviu algo sobre profissão?

Costumo dizer aos meus clientes que o primeiro *chip* que entra em nossa mente exerce grande influência por toda nossa vida, seja sobre trabalho, dinheiro, relacionamentos, família, religião e estilo de vida.

A resposta dessa pergunta costuma trazer muitos *insights* sobre como nossas crenças sobre carreira e trabalho começaram a se formar e como tais crenças interferem em nossa vida profissional.

Por que algumas perguntas sobre o seu pai e a sua mãe?

A nossa visão de mundo começa a ser formada pelo que observamos em nossos pais. Costumo comentar com meus clientes que mamíferos aprendem observando outros mamíferos, portanto, o que vimos acontecer e, principalmente, a forma com que sentimos o que aconteceu com a vida profissional dos adultos que nos cercavam, em especial nossos pais, formou nosso modelo mental sobre carreira e trabalho. Por isso, é revelador o que descubro ao fazer essa pergunta. E muito mais relevante são as descobertas dos meus clientes quando eles conseguem compreender como essa dinâmica funciona.

Por que perguntar sobre atividade física?

Porque uma Carreira Saudável e bem planejada demanda um líder verdadeiramente sustentável, que precisa ter condição física para atender as demandas profissionais, sem comprometer sua qualidade de vida. A vida profissional demanda a energia de uma maratona e precisamos estar bem para conquistarmos nossas metas. Além da boa performance profissional, realizar alguma atividade física faz parte da estratégia de um envelhecimento saudável.

Quando o cliente informa que não tem esse hábito, aviso que vamos retomar esse tema lá no plano de ação.

Por que perguntar sobre passatempo?

Boa parte das pessoas que já atendi cometeu o erro de concentrar no trabalho todo seu foco, o que consequentemente gera a expectativa que o trabalho atenda a todas as suas demandas. Perguntar sobre o passatempo é uma das minhas primeiras oportunidades de saber como anda a qualidade de vida do meu cliente. Ter um *hobby* ou passatempo traz muitos benefícios como, por exemplo: liberação de hormônios de bem-estar, socialização, desenvolvimento de novas competências, aquisição de novos conhecimentos, saúde, entre outros.

Quando o cliente responde que não tem, já começo a suspeitar que estou diante um *workaholic* ou um possível quadro de depressão, ansiedade a até *burnout*.

Por que perguntar sobre religião?

Além de nossos pais e os adultos que nos cercam, a religião é outro ponto que influencia bastante nossas escolhas profissionais. Recentemente, Domenico De Masi, autor do livro *O ócio criativo*, dentre tantos outros lançou o livro *O trabalho no século XXI: fadiga, ócio e criatividade na sociedade pós-industrial*[*]. E, logo nos primeiros capítulos, mostra a interpretação das religiões sobre o trabalho, sua influência na relação entre as pessoas e a forma que escolhem ganhar dinheiro.

Além de entender a religião que influencia meu cliente, essa resposta permite que ele traga aspectos sobre fé, esperança e espiritualidade que ajudarão muito na compreensão sobre o que é um propósito real.

Por que perguntar sobre saúde?

Porque a saúde é primordial. É essencial avaliar a saúde; não há como ter uma Carreira Saudável e boa performance com o corpo comprometido. Qualidade de sono, exercícios físicos, alimentação de qualidade e bons relacionamentos são elementos essenciais para uma Carreira Saudável.

---

[*] MASI, Domenico De. *O trabalho no século XXI: fadiga, ócio e criatividade na sociedade pós-industrial*. São Paulo: Sextante, 2022.

Essa pergunta permite que o cliente traga informações, como: uso de medicamentos, algum tipo de limitação física ou mental, aspectos que não podem ser ignorados de forma alguma em um planejamento de carreira.

DEPOIMENTO DA MARCELA. MEU LUGAR É AO LADO DELA.

Era fevereiro de 2017, eu estava sentada num auditório, sozinha, aguardando a palestra que eu viria a assistir, quando uma mulher de origem nipônica se sentou ao meu lado e começou a fazer um monte de perguntas.

"Por que esta mulher se sentou ao meu lado e está falando comigo?"

Eu não sabia que ela era a palestrante nem tinha noção do quanto ela iria transformar a minha vida.

Eu preciso narrar a minha história desde tempos atrás, para poder explicar o quanto a Rebeca foi e ainda é importante para mim.

Eu tinha quatorze anos, morava em Belém, cidade que nasci, quando engravidei pela primeira vez, de gêmeos, e tive a adolescência interrompida. Dois anos após eu ter me tornado mãe, o pai dos meus filhos seguiu para os Estados Unidos, continuando nossa relação a distância, como parte da construção de nossa família.

Quatro anos depois, ele voltou ao Brasil e nós abrimos uma empresa. Depois, nos casamos e passamos a viver como tínhamos planejado.

Alguns anos depois, eu engravidei pela segunda vez. Minha filha nasceu e fui atuar na nossa empresa. A vida estava fluindo bem. Mas após cinco anos, sem planejamento, eu engravidei mais uma vez.

"*Caramba, de novo, eu vou ter de abrir mão dos meus sonhos para ser mãe?*"

Mais uma vez foi um casal de gêmeos. Depois de um sangramento, descobri que perdi um dos bebês. Passei por um processo de culpa e entrei em crise existencial, vivendo um ano sombrio, de tristeza e depressão.

Até aquele momento, eu fazia viagens a trabalho, colaborava e via a nossa empresa crescendo, íamos para o exterior e o casamento estava bem. Mas depois da perda do bebê, nasceu um vazio em mim.

"*Que tristeza!*"

Naquele ano, estávamos de mudança. Ao chegar em São Paulo, o meu filho recém-nascido estava com dois meses, os filhos mais velhos se matricularam na faculdade e minha filha mais nova foi para a escola. Eu estava ocupada comprando móveis e me sentindo sozinha, enquanto meu marido geria a empresa.

Naquele momento, após vinte anos de relacionamento, meu então companheiro decidiu me deixar.

Passei um ano tentando assimilar a separação, todas as mudanças e tudo que tinha vivido até então. Fui para a África do Sul fazer um voluntariado por quarenta dias, deixando meus filhos com meus pais e, pela primeira vez na vida, tirei um tempo para mim mesma, sozinha.

"*Por mim e para mim!*"

Quando voltei da viagem, me divorciei oficialmente e saí da empresa que tínhamos construído juntos.

— O que eu vou fazer da minha vida agora?

Fiquei seis meses buscando alguma luz, quando encontrei na internet uma palestra sobre carreiras e tendências.

Comecei a pensar no *coaching* como alternativa de carreira e achei que podia usar a minha bagagem para seguir nessa direção.

"Caramba, é isso que eu quero para a minha vida!"

Assisti, então, à palestra da Rebeca e saí com uma certeza:

— Essa mulher sabe mais sobre mim do que eu mesma.

Ganhei um *voucher* para experimentar uma sessão de *Coaching* na metodologia da ACI, que aconteceu com o coordenador da ACI, marido da Rebeca. Após essa sessão, optei por cursar a Formação de *Coaching* Integrativo e, desde então, vivi uma transformação e, como em camadas de cebola, conforme eu seguia nesta direção, mais e mais eu descobria sobre mim mesma e todos os meus potenciais.

Foi um verdadeiro despertar, o início do autoconhecimento e desenvolvimento pessoal. Eu nunca mais fui a mesma. E nunca mais parei de aprender. Foi ali que eu me encontrei comigo mesma, de verdade, pela primeira vez.

"Existe um sentido para a vida que nunca dei antes..."

O vazio que me habitava nada tinha a ver com o meu papel de mãe ou de esposa, mas com a falta de visão de que eu faço parte de algo muito maior do que eu mesma. Entendi que eu tenho um papel no mundo.

Não satisfeita, fiz um processo de *Coaching* individual com a Rebeca, que foi mais profundo ainda:

— Caramba, eu sou muito mais complexa do que eu podia imaginar.

Alguns meses depois, a Rebeca avisa que a ACI iria encerrar as atividades temporariamente. No mesmo momento, eu pensei:

"De jeito nenhum, a ACI não pode acabar."

E disse a ela:

— Eu estou iniciando essa nova profissão, não tenho muita experiência com desenvolvimento humano, mas uma coisa eu sei fazer, eu sou administradora e já geri várias empresas, me deixa ajudar você a cuidar da ACI.

E ela deixou!

Assim seguimos há cinco anos, agregando uma a outra nos processos de crescimento e aprendizado. Eu venho trazendo minhas percepções e a Rebeca, a sua experiência.

Eu ganhei não apenas um despertar, mas uma amiga e uma sócia. Tudo com persistência, generosidade e um ideal comum.

Eu não sei afirmar ao certo, mas desconfio até hoje que a Rebeca ter se sentado ao meu lado naquele dia, naquela palestra, não foi um acaso, mas uma força maior nos colocou ali.

"Por que esta mulher se sentou ao meu lado e está falando comigo?"

— Porque o meu lugar é ao lado dela!

CAPÍTULO 3

POR ONDE EU ANDEI

Se percebemos que a vida
realmente tem um sentido,
percebemos também que somos
úteis uns aos outros.
Ser um ser humano,
é trabalhar por algo
além de si mesmo.
VIKTOR FRANKL

Quem sou eu a cada ciclo?

Você sabia que nossa vida é composta por diversos ciclos? Segundo a Antroposofia e seu criador, Rudolf Steiner, as nossas fases de desenvolvimento e objetivos mudam a cada sete anos, nos períodos chamados setênios, que remete a cada etapa da vida.

Quando crianças, somos diferentes, física e psicologicamente, do que na juventude e na vida madura. Em cada fase existe uma série de habilidades a serem desenvolvidas, tanto no aspecto físico quanto cognitivo, emocional e espiritual, para que o desenvolvimento e o melhor de nós aconteça.

E qual a importância de eu saber disso?

Existe um motivo.

Saber da nossa história e conectá-la com o nosso momento profissional faz toda a diferença, porque descobrimos o quanto somos capazes de superar desafios e realizar conquistas.

Dentro dos processos da ACI, com todos os nossos clientes, trabalhamos com o conceito, ciclos da vida. É como se a vida fosse um videogame, com fases de sete anos, cada uma com seus desafios e aprendizados. Se passamos bem por uma fase, a próxima fica mais fácil; se passamos mal, a seguinte já começa pesada, com pendências a serem resolvidas. Os desafios vão se acumulando. A forma como encerramos um ciclo influencia no resultado do novo ciclo, isso em qualquer tipo de relacionamento, não apenas nos profissionais.

E você?

Você já parou para analisar seus ciclos?

Primeira infância - De 0 a 6 anos

O primeiro setênio, também chamado de *primeira infância*, compreende os primeiros anos da nossa existência, em que o principal acontecimento é o desenvolvimento físico e a capacidade motora. Ao término dessa fase, começamos a cortar o vínculo com nossas mães para o desenvolvimento de nossa própria personalidade.

Este talvez seja o setênio mais importante da vida, uma vez que, segundo Freud, o pai da Psicanálise, é nessa fase que registramos os momentos responsáveis por traumas que levaremos por toda vida, até uma futura aquisição de consciência, quando teremos a oportunidade de ressignificar o que vivemos e curar o que se fizer necessário.

Os conflitos vivenciados na primeira infância costumam ser o que desejamos resolver no mundo na vida adulta. E veja o quanto isso se conecta com a sua vida profissional.

Ao nascer, saímos do quentinho do ventre de nossa mãe, no qual recebíamos sem nenhum esforço tudo que precisávamos. O mundo parece ser um lugar hostil, mas somos recompensados com amor e carinho, sendo o centro das atenções, afinal até a neurociência descobriu o efeito que a imagem de um bebê causa na mente humana.

Meu nascimento foi um milagre, sobrevivi a um parto prematuro complicado, fórceps duplo, mas recebi alta hospitalar antes de minha mãe. Isso já mostra muito da minha personalidade: questionadora e persistente.

Segunda infância - 7 a 13 anos

O segundo setênio ocorre entre os sete e os quatorze anos e traz a descoberta da vida, quando seguimos para a adolescência. Apesar do despertar do eu ser bem intenso nessa fase, ainda nos mantemos conectados aos ensinamentos e opiniões dos outros, principalmente de grupos que fazemos parte, como a família e a escola. É nesse setênio que começamos a aprender e a perceber que as outras pessoas são diferentes de nós.

Percebemos que a vida não é tão simples como na primeira infância, o *bullying* na escola passa a ser comum, o mundo dos adultos difere do nosso e várias questões começam a chegar.

A vida deixa de ser doce para nos convidar para buscar o aprendizado. Não somos apenas nós que crescemos, o mundo também fica maior. A escola passa a fazer parte de nossa rotina e, nela, conhecemos outras crianças com costumes e valores diferentes aos nossos. Com orelhinhas e olhinhos maiores também, começamos a notar que os adultos não são tão amigáveis e cuidadosos como acreditávamos. O mundo parece ser um lugar mais hostil do que pensávamos ao sair do ventre de nossa mãe.

Para mim, foi muito pesado acompanhar de perto os conflitos dos meus pais: antes, durante e depois do divórcio. Presenciei cenas que até hoje são difíceis de compreender, imagine para uma criança.

Adolescência - 14 a 20 anos

O terceiro setênio traz uma crise de identidade, já que esse período é marcado pela revolução emocional, os hormônios começam a se desenvolver e a fase é marcada por intensidade.

As pessoas ainda não estão preparadas para lidar com uma de suas maiores forças, as emoções e, justamente por isso, nossos maiores problemas começam nessa fase: descoberta da sexualidade, compulsões, atos impulsivos, revoltas contra tudo e todos.

A adolescência nos prepara para a fase adulta, na qual os relacionamentos passam a demandar coisas que nem sabemos que temos para dar. Não se trata mais somente da escola e da família, mas de um universo a ser descoberto e explorado.

Nesse novo lugar, tentamos encontrar um novo eu, ser aceito em determinados grupos e sentir que fazemos parte deles. A sensação de pertencimento e o diálogo são de extrema importância.

A adolescência nos presenteia com uma série de experiências e nos demanda uma série de escolhas sérias sobre estudos e carreira que impactarão nossas vidas para sempre, num momento que ainda não sabemos nem lidar com nosso corpo, muito menos com nossas emoções.

Comecei a trabalhar com 15 anos, pois a situação financeira em casa mudou muito depois do divórcio dos meus pais e da descoberta do câncer de minha mãe. O contraste entre a escola católica e meu primeiro emprego me mostrou que o mundo era infinitamente mais hostil do que quando eu saí do ventre da minha mãe, ou quando conheci o *bullying* na escola.

Percebe o quanto o conhecimento da nossa história influencia o que fazemos na nossa vida e carreira no momento atual?

Primeira fase adulta - 21 a 27 anos

A partir do quarto setênio, já somos considerados adultos, inclusive legalmente responsáveis. Daqui para frente, a vida nos convoca a transformar, mudar as coisas como elas são ou como elas foram.

Este olhar sobre os ciclos das pessoas nos ajuda a trabalhar com nossos clientes de acordo com o momento em que eles estão promovendo maior compreensão para eles mesmos.

Os conhecimentos e experiências dos setênios anteriores se juntam às influências do mundo e são de extrema importância para ajudar em nossas escolhas.

Tentar descobrir nosso lugar na sociedade costuma ocorrer nesse setênio, ao mesmo tempo em que a demora para conquistar esse espaço gera ansiedade e frustração, especialmente em relação ao trabalho e à independência financeira.

A vida realmente me convidou para crescer. E a caminhar com as minhas pernas.

Isso acontece porque é a fase em que não nos sentimos nem adolescentes nem adultos, então nos tornamos um pouco mais maduros, o suficiente para compreender a vida. É o momento no qual tentamos nos encaixar em determinados lugares.

A fase adulta me convocou para a ação. Comprei um carro e um apartamento para morar sozinha. Casei e descasei. Ganhei e perdi filhos. Abri e fechei empresas. Concluí a graduação, a pós-graduação e tantos outros cursos. Mas o principal aprendizado que coloquei em prática foi me defender usando a violência. Afinal, depois de tanta pancada, acabamos virando especialistas em bater. Você já deve ter ouvido a frase: todo assediado acaba virando um assediador. A violência não precisa ser física. No meu caso, as palavras suavemente ditas podiam ser mais avassaladoras do que um soco no queixo.

Segunda fase adulta - 28 a 34 anos

O quinto setênio é marcado por crises e questionamentos acerca da própria existência. Pode ser um dos setênios mais difíceis para o indivíduo até esse momento da sua jornada, porque é uma fase de muitas reflexões. As perguntas *"de onde viemos?"* e *"para onde vamos?"* fazem companhia com frequência.

Ocorre a crise dos 30, as cobranças sobre nós mesmos aumentam, nos sentimos impotentes perante várias situações, os sentimentos de frustração e angústia se tornam rotineiros.

Por meio desse setênio, aprendemos coisas novas e nos tornamos outra pessoa, arrumando nosso interior, revisitando o passado e imaginando um futuro melhor.

Em busca de uma Carreira Saudável, abri uma Galeria de Arte, restaurante, livraria, dei aula, prestei consultoria. Fiz uma formação em Yoga e outra em governança corporativa. Cheguei a pensar que o que estava buscando estava numa grande multinacional.

Missão dada, missão cumprida, lá estava eu numa das maiores empresas do planeta, numa daquelas que as pessoas fazem de tudo para entrar, fazem de tudo para permanecer e crescer, de tudo mesmo. Solo fértil para continuar praticando autodefesa, melhorei muito minha habilidade de bater. Até porque você não consegue ser muito amável quando se está cansado após longas jornadas de trabalho, aguentando muita pressão e sendo chamada de tia pela sua própria filha que te vê tão pouco que te confunde com a própria babá. Amigos e vida social são artigos de luxo. Depois de tantos cursos em busca de conhecimento, comecei a suspeitar que talvez estivesse na hora de buscar um pouco de autoconhecimento.

Na psicologia, encontrei mais perguntas que respostas e isso foi bom, pois me fez olhar para dentro, parar de buscar respostas fora. Fugir do papel de vítima quando eu ficava com pena de mim, ou o do papel de justiceira quando buscava culpados para as coisas que saíam diferentes das minhas expectativas. Mas o difícil mesmo foi sair do papel da heroína, da mulher-maravilha, quando eu tentava salvar a tudo e a todos me sentindo superior aos pobres coitados que precisavam de minha ajuda. Modelos de liderança nem um pouco sustentável.

Terceira fase adulta - 35 a 41 anos

O sexto setênio vem com uma reviravolta. É a fase em que tanto se fala sobre a vida depois dos 40, quando o ser humano se redescobre bem diferente de tudo que já foi um dia. É comum chegarmos a essa fase e nos percebermos totalmente transformados em relação ao que fomos.

Nessa etapa, muitas pessoas trocam de emprego, se separam e mudam radicalmente o modo como viviam até então. O discernimento e a maturidade estão mais elevados.

Acontece uma diminuição do ritmo e da intensidade, maior equilíbrio, a desaceleração da vida proporciona melhor desenvolvimento para a alma.

É como se recebêssemos uma segunda chance. E, no meu caso, realmente me dei uma segunda chance.

Freud dizia que a gente só cresce de verdade quando morrem nossos pais; coincidência ou não, tudo isso aconteceu com a partida da minha mãe.

A morte de minha mãe cessou anos de dor e sofrimento. Minha alegria foi saber que deu tempo para ela conhecer o meu filho caçula.

Casei-me novamente, conheci minha sócia e resolvi encarar minha empresa como instrumento de transformação social, não apenas como a realização do meu propósito, a ACI precisaria ser muito maior que eu e muito maior do que ela mesma vinha sendo, pois caberia a ela disseminar a transformação pela qual eu havia passado: conquistar uma Carreira Saudável e ser uma Líder Sustentável, capaz de inspirar pessoas a criarem as próprias histórias.

Primeira fase da maturidade - 42 a 48 anos

Esse setênio é marcado pela vontade de maior desenvolvimento do altruísmo. Fase difícil para quem se recusou a crescer nos ciclos anteriores. Muitas pessoas chegam a essa fase com muita dor.

Após algumas dificuldades ao longo da vida, chega a hora de um recomeço. As crises passadas, entre lições e aprendizados, nos moldam para o que nos tornamos agora. É um momento de busca por novidades. Uma nova forma de encarar a vida, no desejo de trazer sentido à própria existência.

Há uma contradição acontecendo: a vontade de coisas novas, ao mesmo tempo em que ainda existe um receio sobre as próprias mudanças que ocorreram com o passar dos anos.

Se a vida começa aos 40, não sei, mas, de certa forma, a maturidade sim. Pelo menos foi assim que senti. Ao entender que a ACI deveria ser maior que eu, fiz dela uma signatária do Pacto Global da ONU. Fui escolhida como Líder de ImPacto da ONU e hoje sou porta-voz da ODS8 (Objetivo de Desenvolvimento Sustentável), defendendo o trabalho digno e o crescimento econômico.

Segunda fase da maturidade - 49 a 54 anos

Esse setênio traz a vontade de ouvir o mundo.

Até esse instante, aprendemos profundamente o que é aceitação. Nós nos tornamos mais seguros de quem somos, ficamos mais amorosos com o outro, mais predispostos a ouvir e acolher as pessoas.

Aspectos éticos e morais se tornam prioridade, nos tornando mais atentos às questões da natureza e do mundo externo. O olhar coletivo fica aguçado.

Nos conectamos mais ao sentir do que ao pensar, desenvolvendo-nos de outra maneira, de dentro para fora.

Eu ainda não cheguei a esse setênio, mas me vejo sendo cada vez mais eu mesma e contribuindo para que as pessoas também possam ter essa experiência.

Ser um exemplo de Carreira Saudável e de Liderança Sustentável é uma meta para mim.

Terceira fase da maturidade - 56 a 63 anos

Esse setênio é marcado por abnegação e sabedoria.

Nesse, os sentidos se igualam e tudo fica estranho. Depois de tanta experiência de vida, começamos a nos retrair em busca de nossa essência.

Tristeza e arrependimento podem ocorrer quando algum desejo do passado ainda não foi realizado.

Há maior atenção com os cuidados sobre a saúde física e mental.

A vida depois dos sessenta pode ser aproveitada de uma forma totalmente nova e leve. Eu tenho o privilégio de trabalhar com muitos clientes que estão nessa fase e ajudá-los a continuar colaborando com todo seu conhecimento e experiência adquiridos com muita vitalidade e criatividade.

⚙ TERCEIRA FERRAMENTA: BIOGRAFIA

Essa ferramenta mostra de onde viemos, a nossa jornada em ciclos, a cada sete anos. Ajuda-nos a perceber o que passamos e construímos a cada fase. Os momentos bons e ruins, o que gerou bem-estar e estresse, o saber que a vida é uma montanha-russa, a compreensão de que tudo ocorre em fases e que tudo passa e, o mais importante, que o que fica é o aprendizado.

Essa ferramenta traz clareza sobre o nosso passado. Com isso, temos mais entendimento sobre o nosso presente e melhora nossa visão de futuro. Somos a construção de uma grande história. E devemos nos apropriar dela.

Quando algum cliente pede alguma sugestão de leitura nessa etapa do processo, costumo sugerir *Em busca de sentido: um psicólogo no campo de concentração**, escrito por um ser humano que admiro muito, Viktor Frankl.

Não há nada em nossa história de que devamos nos envergonhar ou nos culpar, uma vez que treinamos nosso olhar para as etapas do aprendizado. O que erramos se torna superação e, dessa forma, devemos compartilhar nossas experiências com outras pessoas.

Pessoas se conectam na vulnerabilidade do ser, pela compaixão. Dividir suas experiências pode tornar você uma pessoa de valor, corajosa e muito interessante.

Mas você conhece bem a si mesmo?

Conhece a sua história?

Sabe escolher os melhores recortes de sua trajetória de vida?

Para facilitar sua compreensão, a seguir o exercício realizado por mim. Logo adiante, você poderá realizar o seu.

---

* FRANKL, Viktor. *Em busca de sentido: um psicólogo no campo de concentração.* São Paulo, Vozes, 1991.

ANO		IDADE		MELHOR MOMENTO	PIOR MOMENTO	TÍTULO PARA O PERÍODO
1976	1983	0	6	Sobreviver ao parto.	Conflitos em casa.	Cheguei, chegando!!!
1983	1990	7	13	Ir para escola infantil Vovó Aurélia.	Divórcio dos meus pais.	Aprender é tudo de bom!!!
1990	1997	14	20	Começar a trabalhar com 15 anos.	Assédio no trabalho.	Começando a carreira!!!
1997	2004	21	27	Casar-me aos 20 e ser mãe aos 21.	Conflitos com sócios e divórcio.	Assumindo outros papéis.
2004	2011	28	34	Trabalhar na VW e sair para seguir meu propósito.	Conflitos e decepções na vida amorosa.	Amadurecer dói!!!
2011	2018	35	41	Ser mãe, casar novamente e conhecer minha atual sócia.	Morte da minha mãe.	Segunda chance!!!
2018	2025	42	48	Aproximação e reconhecimento por parte da ONU.	Pandemia.	Ainda somos jovens!!!
2025	2032	0	0			
2032	2039	0	0			
2039	2046	0	0			
2046	2053	0	0			
2053	2060	0	0			

Exercício Biografia 📖

Convido você agora para realizar a sua Biografia.

Reserve um tempo para você, crie um ambiente confortável, escolha uma música relaxante, num lugar bem calmo e silencioso, que lhe possibilite uma viagem no tempo dentro da sua história.

Se sinta, se perceba, se permita viver e responder às perguntas que fazem parte dessa ferramenta tão importante:

Qual foi seu melhor e pior momento em cada ciclo?

Qual título você daria para cada ciclo da sua vida?

Essa ferramenta e as reflexões que ela propõe ajudam você a compor e narrar a sua história!

Biografia em setênios 📖

Chegou a sua vez. Crie uma tabela e inicie dividindo a sua história em trechos de sete anos. Depois, siga o meu exemplo e preencha a sua tabela de acordo com as orientações que serão apresentadas a seguir. Comece com o ano do seu nascimento, depois descreva o melhor e o pior momento de cada um dos seus setênios (ciclos de sete anos) e extraia um título para cada um **(Preencha apenas até a sua idade atual)**.

💬 DEPOIMENTO DO LUIZ. APOSENTADORIA: A PASSAGEM PARA UMA NOVA VIDA.

— Eu levei um ano para me despedir do trabalho!

"E foi a melhor coisa que me aconteceu!"

Além de eu preparar alguém para ocupar o meu lugar, eu me preparei para deixar esse lugar. Começou uma longa despedida, depois de quase quarenta anos de empresa.

Eu sou engenheiro e estava há trinta e nove anos e oito meses na maior montadora do país, quando encontrei a Rebeca. Eu atuava no Marketing e fui muito feliz na minha área de atuação.

Eu adorava meu trabalho, tinha um time excelente, por isso sentia paixão pelo que fazia. Mas por causa da pandemia, ficou claro que haveria um corte, especialmente no meu departamento, que foi bastante afetado. Como iam cortar alguns executivos e eu estava preparado psicologicamente para me aposentar, decidi me adiantar.

Eu mesmo sugeri ser mandado embora, mas o meu superior não achou promissor:

— Não, você tem o logo da marca estampado no peito. Você não vai!

Insisti e ele levou minha ideia até a Presidência, que também não aceitou, mas trouxe uma contraproposta.

— Luiz, você vai ganhar um prêmio e fica um ano preparando alguém para ficar no seu lugar!

"Foi um presentão para mim".

Foi nesse período que eu encontrei a Rebeca, que já era minha amiga, da mesma empresa e eu a adorava. Marcamos um papo e eu contei tudo o que estava acontecendo.

Ela perguntou:

— O que você vai fazer?

— Nada!

— Como nada?

Expliquei que não tinha planos, apesar de gostar de compartilhar a minha experiência.

— Não! Vamos trabalhar isso aí!

Comecei um processo de *Coaching*, quando ela insistiu que eu poderia fazer muitas coisas:

— Você pode ser consultor, mentor, palestrante, o que você quiser. Você é ótimo! Uma referência no que faz. Não vai ficar parado, numa zona de conforto!

Eu não tinha intenção de fazer nada que me ocupasse de uma maneira corporativa, porque senão entraria de cabeça e começaria tudo novamente, não era o que eu queria.

E como eu preenchi esse tempo?

Decidi com ela que faria algumas palestras. Além disso, ela me colocou em alguns fóruns e me fez enxergar várias possibilidades para a minha vida, algo promissor e prazeroso, uma extensão de toda a felicidade que já tinha vivenciado na vida profissional.

"Eu adorava um microfone! Eu amo, sempre amei pessoas!"

Esse ano de despedida foi muito importante para mim. Duas coisas facilitaram minha saída: a pandemia e a Rebeca, que me encorajou a fazer coisas, que nunca tinha pensado antes, como contar a minha vida em fóruns na internet.

Eu imaginei que não teria sucesso, porque nem seguidores eu tinha, mas a Rebeca insistia:

— Você tem que compartilhar suas experiências, Luiz. Você tem histórias de coragem, inovação, time, liderança. Você vai gostar de fazer isso! Acredite!

— Não, Rebeca, não vai dar certo.

Ela dá um ultimato:

— Você acha que ninguém se interessa? Vamos jogar uma pergunta no seu Instagram!

Ela até me explicou que, geralmente, ninguém responde à caixinha de perguntas, exceto a família. Porém, no dia seguinte, havia dezenas de perguntas inesperadas, isso com pouquíssimos seguidores.

Rebeca riu:

— Viu? Funcionou!

Tinham perguntas de pessoas que eu nem conhecia. Comecei a responder e tudo isso foi aumentando, chegando a milhares de seguidores em uma das redes.

O maior prazer que tive nesse processo foi poder criar textos para as pessoas, como o jovem gestor, comunicação, a ideia de conversar com as pessoas, conhecer seus parceiros e tudo isso começou a dar resultados.

Rebeca sempre via além do que eu estava vendo:

— Está vendo? Temos que montar uma palestra agora.

Com toda essa aparição, recebi uma nova proposta de trabalho. Um museu de carros antigos, com a maior coleção do mundo e que vai ser inaugurado ano que vem, me chamou para ser seu Diretor.

Eu aceitei e já estou trabalhando. Mas, nesse processo todo, devo dizer que a Rebeca abriu um leque de opções para mim. Eu comecei a ter alegria, de formas que nem imaginava. Ela tem um jeito de tratar a gente, ela ouve muito mais do que a gente a ouve.

Arrisco dizer que ela nos percebe, mesmo sobre aquilo que a gente nem fala. Ela me disse várias vezes:

— *Quando você começa a contar suas histórias, seus olhos brilham!*

Rebeca me deu coragem, confiança, sustentação. Eu não sabia fazer um *Reels* no *Instagram* ou um *Story*, ela me tirou da zona de conforto o tempo todo. Ela me provocava quando me punha para falar no *Club House*, uma mesa de debate com dezenas de pessoas assistindo, ou no time dela para falar sobre algo que eu tinha domínio.

É a vida! Eu levei um ano para me despedir da empresa, mas a Rebeca me mostrou que eu não precisava realmente me despedir do trabalho, nem dos amigos e, muito menos, de mim mesmo.

— Obrigado, Rebeca!

CAPÍTULO 4

PARA QUE EU SIRVO

Grandes realizações são possíveis quando se dá importância aos pequenos começos.

LAO-TSÉ

As Competências no caminho da vida

Após concluir a biografia junto ao meu cliente, começamos a construir seu Inventário de Competências, que aqui na ACI chamamos de CHAVE (Conhecimento, Habilidades, Atitudes, Valores e Experiências), mostrando a ele que, desde a primeira infância, estamos adquirindo novos conhecimentos e que, com esses, desenvolvemos novas habilidades e isso dependerá muito de nossas atitudes. Respeitar nossos valores é determinante para que nossas experiências sejam saudáveis e sustentáveis.

O Conhecimento se refere a nossa capacidade de aprender. Costumo ilustrar aos meus clientes que se trata do *input* de informações que, geralmente, acontece na escola, faculdade e cursos.

A Habilidade se refere a nossa capacidade de fazer, aplicar e gerar um resultado por meio de um conhecimento. Aqui costumo ilustrar que se trata do *output*. Por exemplo, em uma sala de graduação de Economia, todos os alunos frequentam as mesmas aulas, são expostos ao mesmo conhecimento e cada um desenvolverá habilidades distintas ao longo da vida. A pergunta que devemos fazer aqui é: o que você faz bem a ponto de gerar bons resultados?

A Atitude se refere à forma como se interage com o mundo. É o posicionamento que assumo perante as situações que a vida me oferece. Algumas podem ser positivas; outras, nem tanto. Cada um de nós tem um jeitinho para lidar com a vida. Para meus clientes, costumo perguntar: quais são os cinco adjetivos que melhor te definem?

Os Valores são o que dá sentido à nossa vida, que nos mostram o caminho. A presença deles nos traz felicidade e plenitude, enquanto sua ausência gera desconforto, que, a longo prazo, pode comprometer a saúde mental de qualquer pessoa. Pouco se fala de valores na formação de uma criança que, ao se tornar adulta, sente-se desorientada, sem saber no que se pautar em sua tomada de decisões, ficando extremamente suscetível a influências externas, sejam elas saudáveis ou não.

As Experiências são fatos relevantes, conquistas ou desafios superados, o resultado da própria vida. Se conseguimos compreender a combinação entre conhecimento, habilidade, atitude e valores, teremos excelentes resultados; caso contrário, teremos muito esforço, sacrifício e poucos resultados.

Esse é o foco da próxima ferramenta: nos ensinar a fazer a melhor combinação entre conhecimento, habilidades, atitudes e valores para termos uma Carreira Saudável.

As conquistas podem ser tudo aquilo que alcançou, que foram importantes para você: premiações, viagens, relacionamentos saudáveis, filhos, a aquisição de bens materiais, superações e todas as experiências a partir daí.

Pode parecer estranho, mas essa é uma etapa do inventário de competências na qual as pessoas apresentam bastante dificuldade.

QUARTA FERRAMENTA: CHAVE - INVENTÁRIO DE COMPETÊNCIAS

Após analisar sua vida em ciclos, venha melhorar a sua percepção sobre o que você vem construindo no decorrer da vida em termos de competências e a forma que as tem aplicado.

Muitos clientes, quando chegam à ACI, estão focados em adquirir conhecimento, mas não percebem que não sabem aplicar o que já aprenderam da melhor forma, porque estão apenas acumulando saberes, sem utilizá-los na prática.

É preciso equilíbrio entre aquilo que aprendemos e o que fazemos com o aprendizado. A ferramenta Inventário de Competências tem o objetivo de trazer clareza sobre como você vem se desenvolvendo no decorrer da sua jornada e o que vem realizando.

O Inventário de Competências e CHAVE de sua Carreira

Uma Carreira Saudável é uma carreira com propósito, de alguém que consegue compreender e aprimorar todas as partes do Inventário de Competências de forma sustentável.

Uma pessoa que se torna um profissional realizado é aquela que tem um olhar estratégico sobre seu inventário e chega a uma combinação que o direciona a seu propósito. Podemos nos inspirar no conhecimento, habilidades, atitudes, valores e experiências de outra pessoa, mas a nossa trajetória é única. Cada inventário é único.

Fazer e compreender o seu Inventário de Competências vai alimentar as próximas ferramentas e ser de grande valia na preparação de uma entrevista de emprego, numa apresentação de negócios para novos investidores e até mesmo para preencher seu perfil no LinkedIn.

Tenha um olhar de atenção e amorosidade sobre suas competências e transforme a sua carreira de forma saudável.

Como vemos uma Carreira Saudável?

Para desenvolver competências, eu adquiro conhecimentos. Com isso, desenvolvo habilidades que, dependendo das minhas atitudes perante a vida e do quanto respeito meus valores, terei experiências positivas ou negativas.

Quando eu cuido do meu inventário de competências, construo uma Carreira Saudável e caminho em direção a me tornar um Líder Sustentável.

Vou usar o meu Inventário de Competências para ajudar você na compreensão de seu próprio inventário.

Conhecimento (O que aprendemos?)

Costumo simplificar para meus clientes dizendo que aqui anotamos os *input*s, as entradas de conhecimento em nossa mente. São as informações e o conteúdo que você acumula durante a vida.

É o aprender a aprender, a compreensão de conceitos e técnicas. Qualquer forma de aquisição de conhecimentos: cursos, treinamentos, certificações, idiomas etc.

- Processamento de Dados e lógica de programação;
- Administração e gestão de negócios;
- Comércio exterior e operação de câmbio;
- Empreendedorismo sendo professora no Sebrae;
- Formação em Yoga;
- Especialização em *Marketing*;
- Programa de aceleração de resultado pela Fundação Dom Cabral;
- Especialização em Psicologia Transpessoal pela Alubrat (Associação Luso-brasileira de Transpessoal);

- Governança pelo IBGC - Instituto Brasileiro de Governança Corporativa;
- Mestrado em Psicologia Clínica na PUC-SP.

Perceba que essa coluna foi preenchida pelo caminho do conhecimento que eu trilhei, desde a escola até a faculdade e dos cursos que fiz, até mesmo da formação em Yoga. Não menospreze nenhum dos conhecimentos que adquiriu, pois tudo é importante e deve ser incluído.

Habilidade (O que fazemos bem?)

Costumo sugerir que aqui adotemos um verbo, afinal se trata de algo que fazemos bem.

Aptidão e capacidade de realizar. *"É o que você faz bem. Após definir o verbo, complementar a frase: Organizar o quê? Planejar o quê?".*

A habilidade é o seu conhecimento na prática. Como você aplica o conhecimento adquirido.

Veja, a seguir, as minhas habilidades:

- Pensar de forma analítica;
- Escutar de forma ativa;
- Pensar global e agir local;
- Ter visão estratégica e modelar negócios;
- Manter a serenidade;
- Comunicar ideias;
- Pensar como CEO;
- Entender a complexidade e a subjetividade humana;

- Zelar por princípios éticos;
- Estruturar conhecimento.

Perceba que, diferentemente do conhecimento, no qual usei o termo *input*, aqui temos o *output*, isto é, como estamos aplicando o que aprendemos. Dentro de uma sala de graduação em Engenharia, todos os alunos serão expostos ao mesmo conhecimento, mas cada um desenvolverá um tipo de habilidade. Cada engenheiro de nosso exemplo anterior desenvolverá habilidades específicas de acordo com suas características pessoais e experiência de vida.

É importante perceber que o conhecimento, por si só, não muda nada, mas sim a forma como o aplicamos.

Você sabe dizer em que você é bom? Quais são suas habilidades?

É importante ter clareza sobre pelo menos suas dez principais habilidades, além de ter a capacidade de torná-las visíveis para as pessoas que o cercam.

Atitudes (a forma como me comporto perante a vida)

A atitude está entre conhecimento e habilidade. Interfere na relação que você estabelece com as situações da vida. Atitude significa sua postura perante o mundo, seu modo de agir e se comportar.

Costumo sugerir que aqui usemos adjetivos. Quais adjetivos definem você?

Cada um de nós reage de uma forma às situações que a vida nos oferece, e isso influencia o resultado de cada experiência que vivemos. Isso nem sempre é óbvio. Noto algumas pessoas que, ao fracassarem em algum objetivo, acabam acreditando que foi por falta de algum conhecimento ou habilidade, mas raramente reconhecem que foram suas atitudes que as afastaram de seus objetivos.

Veja o exemplo das minhas atitudes: *intensa, criativa, comunicativa, realizadora, amorosa, cuidadosa, perspicaz, complexa, persistente, intuitiva.*

Qual é a sua postura? Como você se apresenta ao mundo?

Cuidado com as armadilhas!

Quando uma pessoa não consegue desenvolver habilidades, ela compensa inconscientemente adquirindo conhecimento. Ela acredita que pode resolver a falta de habilidades com novos cursos, mais idiomas ou até uma coleção de MBAs, mas, se ela não muda a atitude, o problema não se resolve.

Lembre-se de que os profissionais são contratados pelo conhecimento, mas muitas vezes acabam sendo demitidos pela atitude, que é algo que nem sempre aparece no currículo.

> Desenvolver competências não é apenas sobre conhecimento, mas também autoconhecimento.
> **REBECA TOYAMA**

Valores (o que dá sentido à vida)

Valores é tudo aquilo que é importante na sua vida. O que move você e dá sentido à sua vida? Liberdade, segurança, família, novidades? Dinheiro? Desafios?

Veja os meus valores como exemplo: *Paz, Amor, Sabedoria, Família, Ética, Excelência, Prosperidade, Bondade, Beleza, Verdade.*

Quais são os seus valores?

Ter clareza sobre seus valores ajuda você a ter uma carreira com mais significado e tomar decisões mais assertivas.

A sociedade atual não fala muito sobre valores, mas é importante que você reconheça quais são os seus, pois atuam como um norte na sua vida, especialmente nos momentos de decisão. Isso porque devemos fazer escolhas que estão de acordo com nossos valores e, quando por falta de autoconhecimento nos perdemos e atuamos em desacordo com o que acreditamos, passamos por processos de depressão, desequilíbrios, *burnout*, ansiedade e conflitos, porque ficamos desnorteados e sem raízes.

Um profissional sem o referencial de valores pode sentir que sua carreira não tem sentido. É essencial saber o que dá significado à sua carreira e isso começa pelos valores. O livro *A organização dirigida por valores – Liberando o potencial humano para a performance e a lucratividade*[*], autor de que falaremos mais adiante no capítulo sobre *Benchmark*, tem ajudado não apenas meus clientes, mas líderes e empresas ao redor do mundo a reconhecerem e se apropriarem de seus valores.

Experiências (fatos, conquistas e superações)

As conquistas ao longo do caminho mostram do que você é capaz de construir ou superar.

Veja minhas experiências:

- Contrariando todos os prognósticos do nascimento, ter crescido saudável;

---

* BARRETT, Richard. *A organização dirigida por valores – Liberando o potencial humano para a performance e a lucratividade.* São Paulo: Alta Books, 2017.

- Ter sido a Branca de Neve, personagem principal, logo na primeira peça de que participei na pré-escola;
- Começar a atuar na mesa de operações de câmbio com 16 anos;
- Obter a remissão da doença de Crohn e ter uma vida normal, inclusive ser mãe;
- Ser mãe pela primeira vez aos 22 anos e ser mãe novamente depois de ter sobrevivido a uma gravidez de alto risco aos 37 anos;
- Apaixonar-me e casar aos 21 anos, superar o divórcio e ter coragem de me casar novamente após 15 anos;
- Trabalhar numa das maiores empresas do setor automobilístico do planeta;
- Deixar a segurança de trabalhar numa multinacional para seguir meu chamado e fundar a ACI;
- Criar uma metodologia própria capaz de desenvolver pessoas e empresas;
- Tornar a ACI uma signatária da ONU e ser escolhida CEO porta-voz do Pacto Global da ONU.

Uma situação natural que tem acontecido com vários clientes, pelo fato de terem uma vida corrida, é que eles não param para reconhecer suas conquistas. Compram uma casa ou um carro e não celebram a conquista. Ou fazem uma viagem internacional, ganham uma promoção sonhada por anos e sequer sentem satisfação.

Esse é um desafio da sociedade moderna. As pessoas têm ficado sem clareza das próprias conquistas porque a vida tem passado rápido demais. Cumprimos compromissos sem fim numa correria que nos rouba de nós mesmos.

Não permita que isso aconteça com você. Desenvolva o hábito de celebrar desde as pequenas conquistas até as mais sonhadas e esperadas. A vida não pode perder o encanto que vem com as pequenas coisas.

Celebre!

É preciso ter consciência das nossas principais conquistas para construir uma narrativa autobiográfica positiva.

Como alguém vai encantar seus funcionários ou investidores, se não falar sobre o que conquistou em sua trajetória da vida?

É importante celebrar seus feitos, em primeiro lugar, dentro de si, para que sua imagem reflita suas superações, vitórias e contagie as pessoas, inspirando-as a também irem além.

Lembre-se de que a sociedade muitas vezes foca nos pontos negativos e nas críticas, mas você deve honrar o que construiu e ter orgulho de contar sua jornada com todo mérito que conquistou.

Honre, prestigie e viva sua glória!

Exercício Inventário de Competências - CHAVE

Agora, faça seu Inventário de Competências num lugar e momento de tranquilidade. Pode ser numa planilha, num bloco de notas digital ou de papel, o importante é não deixar a oportunidade passar.

Siga meu exemplo e lembre-se de registrar pelo menos dez itens de cada coluna. Reflita e identifique e, se preciso, peça ajuda para as pessoas que estão em seu entorno.

Como meio auxiliar, acesse o instrumento: "Descreva-me". Desenvolvido pela ACI, que pode ser acessado pelo QrCode disponibilizado na capa do livro.

C	H	A	V	E
CONHECIMENTOS	**HABILIDADES**	**ATITUDES**	**VALORES**	**EXPERIÊNCIAS**
É o aprender a aprender.	Aptidão e capacidade de realizar.	Postura e modo de agir.	O que dá sentido para a vida.	Aprendizados obtidos pela prática ou vivência.
APRENDIZAGEM	**VERBO**	**ADJETIVO**	**SUBSTANTIVO**	**SUPERAÇÕES E CONQUISTAS**
Processamento de Dados e lógica de programação.	Pensar de forma analítica.	Intensa	Paz	Ter contrariado todas os prognósticos e ter nascido saudável.
Administração e gestão de negócios.	Escutar de forma ativa.	Criativa	Amor	Ter sido a Branca de Neve, personagem principal, logo na primeira peça que participei na pré-escola.
Comércio exterior e operação de câmbio.	Pensar global e agir local.	Comunicativa	Sabedoria	Começar operar na mesa de operações de câmbio com 16 anos.
Empreendedorismo sendo professora no Sebrae.	Ter uma visão estratégica e modelar negócios.	Realizadora	Família	Remissão da doença de Crohn e ter uma vida normal, inclusive ser mãe.
Formação em Yoga.	Manter a serenidade.	Amorosa	Ética	Ser mãe pela primeira vez aos 22 anos e ser mãe novamente depois de ter sobrevivido a uma gravidez de alto risco, aos 37 anos.
Especialização em *Marketing*.	Comunicar ideias.	Cuidadosa	Excelência	Apaixonar-me e casar aos 21 anos, superar o divórcio e ter coragem de me casar novamente após 15 anos.
Programa de aceleração de resultado pela Fundação Dom Cabral.	Pensar como CEO.	Perspicaz	Prosperidade	Trabalhar numa das maiores empresas do setor automobilístico do planeta.
Especialização em Psicologia Transpessoal pela Alubrat (Associação Luso-brasileira de Transpessoal).	Entender a complexidade e subjetividade humana.	Complexa	Bondade	Deixar a segurança de trabalhar numa multinacional para seguir meu chamado e fundar a ACI.
Governança pelo IBGC - Instituto Brasileiro de Governança Corporativa.	Zelar por princípios éticos.	Persistente	Beleza	Criar uma metodologia própria capaz de desenvolver pessoas e empresas.
Mestrado em Psicologia Clínica na PUC-SP.	Estruturar conhecimento.	Intuitiva	Verdade	Tornar a ACI uma signatária da ONU e ser escolhida CEO porta-voz do Pacto Global da ONU.

DEPOIMENTO DA CLAUDIA. RELEMBRANDO QUEM EU SOU.

— Eu sempre fui uma mulher forte, mas não foi essa Claudia que começou o processo com a Rebeca, quando tudo aconteceu.

Eu sou Engenheira de Produção e fui *Head* de Produtos de um grande banco, por dez anos. Tenho MBA em Finanças e Certificado Executivo em Liderança, Inovação e Tecnologia.

Naquela época, eu era casada e tinha duas filhas. Meu marido tinha concordado em diminuir as atividades para ficar mais em casa e cuidar das meninas, para que eu pudesse seguir na carreira.

Porém, depois de uma reestruturação no banco, onde eu não enxergava mais um lugar para mim, fiz um acordo e saí, me sentindo bastante confusa sobre o que ia fazer dali em diante.

Decidi tirar um ano e meio sabático, não quis pensar imediatamente no que ia fazer, queria descansar, depois de tanto tempo trabalhando e me deixando de lado. Escolhi aproveitar para viver uma etapa da vida que nunca tinha vivido: viajar, fazer cursos, estudar línguas etc. E eu fiz isso, inclusive um retiro de Yoga.

"Foi ótimo!"

O lado profissional não ficou parado, pois eu me dediquei a várias atividades, comecei a testar alguns projetos para entender se gostaria de empreender, virar planejadora financeira e ter uma vida mais calma. Além disso, fiz alguns trabalhos de consultoria, testando outras oportunidades que poderia seguir futuramente. O meu *Networking* permaneceu ativo.

Só que, nesse período, a minha relação com meu marido começou a ficar estranha e uma crise se instalou. Com isso, a confusão que sentia no lado profissional ficou insustentável para mim. Não sabia se queria voltar ao mercado.

Foi quando procurei Rebeca pela primeira vez. Eu estava desestruturada e frágil. A saída do mundo corporativo culminou com a crise no casamento e eu fiquei insegura, cheia de dúvidas, sem saber que direção tomar.

"Me sinto perdida!"

— Você não vai resolver sua vida profissional, enquanto não resolver sua vida pessoal, Claudia!

"Será?"

Ela tinha razão!

Eu me dei conta de que, quando a parte pessoal desmoronou, não conseguia mais pensar direito, foi como ter esquecido tudo o que era capaz de fazer naquele momento.

"Eu me perdi de mim!"

O ano de 2020 foi um dos piores anos da minha vida: pandemia, vida profissional sem direção, casamento em crise, meu pai faleceu de COVID-19. Com tudo isso, recuei em relação a tentar voltar ao mercado de trabalho. Já tinha mais de cinquenta e não sabia se queria me expor ao tentar voltar ao mercado. Acreditava que uma recolocação seria difícil por causa da idade.

Então, iniciei o processo com a Rebeca e fui me conhecendo, me entendendo, me definindo, percebendo melhor o que tinha pela frente, mais do que aquilo que deixou de ser ou o que eu mesma não seria mais como pessoa, principalmente no casamento.

Eu tive várias fases com ela e, a cada dez sessões, eu ia renovando, porque surgiam novas questões para serem trabalhadas. Foi como uma terapia!

O processo me ajudou muito na vida pessoal, porque a Rebeca é excelente observadora, tem escuta ativa, acolhimento, é compreensível e entende de vulnerabilidade. Além disso, ela me indicou terapias alternativas que foram importantes para o meu emocional.

A Rebeca tem qualidades verdadeiramente humanas, sabe a hora de acolher, como a de dar puxões de orelha e fazer com que a gente se volte para dentro e se veja novamente.

No fim, depois de vinte e oito anos, meu casamento chegou ao fim. Nesse momento, estamos aprendendo uma nova forma de nos relacionarmos, não mais como companheiros, mas como pais de nossas filhas e pessoas da mesma família.

"Maturidade é tudo!"

Depois que resolvi as questões pessoais, finalmente pude decidir que queria voltar ao mercado de trabalho e a Rebeca me ajudou nessa estratégia, por meio de posicionamento, ações, *networking* e até mesmo com a atividade de consultoria que havia feito.

Com o tempo, voltei a trabalhar em banco e percebi que, no fundo, era isso mesmo que eu queria. Entendi que às vezes uma retirada vem para reforçar nossos valores, características, qualidades e o que realmente gostamos de fazer na vida.

"Eu estou onde me sinto genuína, na minha essência!"

Fiquei feliz com a volta. Estava satisfeita com a responsabilidade e autonomia no banco, porque, quando voltei, as pessoas também voltaram a me enxergar. Só que acabei recebendo outra proposta, mais interessante. Aceitei e vou me recolocar em breve.

E depois de praticamente três anos ininterruptos com a Rebeca, trabalhando questões pessoais e profissionais e tendo acesso ao seu conhecimento impressionante sobre a natureza humana, entendi algo muito importante:

— Ser guerreira e forte o tempo todo cansa!

Hoje eu sei do que sou capaz, conheço a minha força, minhas vulnerabilidades e cresci com tudo isso.

A Rebeca me ajudou a me lembrar de quem eu era, de quem eu fui e de quem eu ainda sou:

— A Claudia!

CAPÍTULO 5

QUEM EU SOU

Ser empático é ver o mundo com os olhos do outro e não ver o nosso mundo refletido nos olhos dele.
CARL ROGERS

A ferramenta narrativa autobiográfica

Quando precisamos sintetizar a nossa história de vida, seja em um minuto ou uma hora, precisamos usar a nossa capacidade de construir essa jornada de forma autêntica, de forma que ela me leve aonde eu quero chegar. Dependendo de como contamos as nossas histórias, elas nos abrem ou fecham portas. A forma como nos apresentamos para o mundo define como vamos ficar estacionados na mente das pessoas.

Narrativa autobiográfica é a arte de fazer um recorte de nossa história alinhado com o que queremos ser no mundo de forma que facilite que as pessoas compreendam de onde viemos e do que somos capazes de realizar.

A importância da narrativa autobiográfica

Saber dizer quem eu sou não é apenas uma demonstração de autoconhecimento, mas a exposição de como me sinto em relação a mim mesmo, se estou confortável dentro de quem eu me tornei.

Conforme você avança nesta leitura, também acompanha a construção da minha narrativa que, capítulo a capítulo, se encontra com as ferramentas criadas por mim e disponibilizadas pela ACI no decorrer de toda a sua história para milhares de pessoas.

Por mais longa que fosse, na minha narrativa não caberiam meus quase 50 anos de existência, na minha nem da de ninguém. Por isso, o desafio aqui é escolher os elementos mais adequados para nos representar no momento presente de acordo com o que queremos ser no futuro.

O que importa sobre a minha jornada? A forma como eu a vejo, como a percebo a partir dos meus olhos e como a sinto e a vivencio dentro de mim.

Tenho orgulho de quem me tornei, uso a minha trajetória para ajudar outras pessoas a também se sentirem assim. E não importa que seu objetivo ou propósito seja outro, o compreenda e se coloque dentro dele.

Siga seu caminho, seu propósito, honre sua história. E sua narrativa sempre será um encanto para aqueles que se conectarem com ela.

Perceba!

Uma pessoa pode ser linda por fora, vestir roupas e acessórios caríssimos e até saber falar e gesticular bem em público, mas se internamente esse indivíduo não está agindo de forma coerente com ele mesmo, sua fala revela a falta de coesão.

Eu posso dizer durante uma entrevista de trabalho que:

— Eu tinha uma excelente relação com meu gestor.

Enquanto o movimento da minha cabeça, diz o contrário.

Se o nosso próprio corpo nos revela, imagine o quanto é revelado durante uma narrativa inteira, quando contamos a nossa trajetória de vida?

Ser verdadeiro e transparente traz coerência, veracidade, autenticidade e ganha a confiança das pessoas.

Comece exatamente deste ponto: seja autêntico!

Por onde começar?

Começando a partir da verdade sobre quem você é. É importante se perguntar se você sabe quem você se tornou. E caso não saiba, antes de começar a sua narrativa, faça um estudo de caso sobre você mesmo, vide os capítulos sobre biografia e inventário de competências. Releia-os, se necessário.

Não é à toa que disponibilizamos as ferramentas Biografia e Inventário de Competências para nossos clientes, pois elas são essenciais para a construção de uma narrativa baseada em nossa própria história. E não naquilo que imaginamos ou gostaríamos que tivesse sido. Enfrentamos a realidade tal qual ela aconteceu e trabalhamos em cima disso. Doa ou não, enfrentamos os fatos para enxergarmos a nós mesmos com a transparência necessária para que possamos ser transformados. É assim que funciona.

É importante que você se abra para esse processo, de verdade, e por inteiro.

A importância de uma boa história

Como eu me apresento para o mundo?

Qual o impacto que eu gero nas pessoas quando conto a minha história?

Seja numa reunião de trabalho, num novo grupo, como o da academia de ginástica ou de um curso de fim de semana, aprenda a observar a forma como as pessoas reagem quando você narra a sua trajetória.

Quando você fala, as pessoas ficam atentas e de olhos bem abertos, quase sem piscar, olhando para você, como se estivessem hipnotizadas? Elas permanecem calmas? Ou elas bocejam? Alguém se levanta e vai embora?

Todas essas reações indicam como você está se saindo em sua narrativa e isso influencia a sua imagem, desde uma entrevista para um emprego até uma conversa sobre uma sociedade empresarial, um investimento, um flerte, a relação com seu filho ou com seu marido.

O que você acredita ser e como você vivencia a sua narrativa, por dentro e por fora, afeta toda sua vida e isso pode estar acontecendo de forma favorável, ou não, dependendo de como você mesmo percebe a sua história.

Onde aparece a minha narrativa?

Sua história o representa, já que você é o seu próprio protagonista. Sua narrativa está nas reuniões em que você participa, nas entrevistas que faz, no palco onde você fala e se apresenta, até mesmo no mundo on-line, em que você constrói sua presença digital.

Tem pessoa que conta a própria história e faz com que o outro se sinta contagiado por ela, passa a desejar esse alguém em sua equipe. Por outro lado, tem gente que faz uma narrativa e induz a uma sensação contrária, as pessoas sentem que não querem interagir com ela. Sente-se mal ao imaginar essa pessoa como chefe, colega ou parceiro de negócios.

Acredite, todo ser humano tem uma narrativa, quer esse alguém esteja consciente disso ou não. Então, quanto mais consciência se desenvolver desse fato, melhor se torna essa tarefa.

Sua narrativa é o seu cartão de visita em qualquer lugar que você esteja, a todo momento. Esse cartão o coloca na posição da vítima, do justiceiro ou do herói?

Uma narrativa bem elaborada nos coloca em nosso próprio lugar, inspira autenticidade e autonomia nas pessoas que convivem conosco.

Percebe a importância dessa tarefa?

Quantas narrativas existem?

Sendo a narrativa responsável por nossa imagem baseada na percepção que temos sobre nós mesmos, é correto dizer que existem narrativas para grupos de pessoas?

Absolutamente!

Para tudo e para todos, ocorre uma narrativa, seja para um indivíduo, um grupo, uma escola, um bairro, uma cultura, empresa, políticos e nações, pois todos temos histórias, com pontos de dificuldades e superações, que emitem valores e personalidades.

Qual a narrativa das nações que você conhece? Das marcas que você consome? Dos políticos da sua cidade? Das empresas em que atuou? E a nossa narrativa em meio a isso tudo? Como a gente vem se apresentando para o mundo?

Saiba que esse tema é tão importante e atual que, inclusive, existem congressos sobre o estudo da narrativa biográfica. Isso porque, quando alguém fala, o que fica na mente do interlocutor é a história e as sensações que chegaram para ele. Não é a apenas a roupa, a aparência, o currículo ou o *status* socioeconômico, mas a narrativa que uma pessoa oferece ao mundo que toca de forma inspiradora ou não.

Quem se beneficia de uma boa narrativa?

O maior beneficiado de uma narrativa bem construída é você mesmo. Se não consegue dar sentido para as dificuldades que passou e as conquistas que alcançou, você mesmo vai se sentir como um impostor.

Na ACI, nós trabalhamos a síndrome do impostor justamente pela narrativa autobiográfica. Nós trabalhamos o que está dentro de nossos clientes, organizando e ressignificando a forma como eles enxergam as próprias histórias.

E você? Como enxerga a sua história?

E você, caro leitor? Como você tem construído a sua narrativa nesse momento da sua vida, em todos os lugares que atua?

Como você se coloca nas redes sociais? Dentro de casa? No seu relacionamento afetivo? No trabalho? Na faculdade? Na vizinhança? Numa caminhada pelo seu bairro?

Saiba que não existe história ruim ou sem sentido. O que existe são percepções distorcidas, imaturas ou inconscientes sobre uma história.

Todo ser humano tem um caminho sobre o qual ele passa por aprendizados e superações.

A nossa tarefa, como indivíduo, é descobrir isso sobre nós mesmos. E a minha, da ACI e agora a deste livro é ensiná-la de modo coletivo, mostrando a cada um que chega a lição sobre a qual ele passou. Assim, a partir desse ponto, começa uma transformação em direção a uma Carreira Saudável e uma Liderança Sustentável.

Três papéis que devemos evitar quando contamos a própria história

Existem três armadilhas na vida referentes à nossa postura mediante a narrativa. Isso é automático, acontece por falta de autoconhecimento, por isso é importante mencionar esses pontos para que você tenha a oportunidade de identificar se está fazendo isso nesse instante ou se em algum momento da vida já o fez.

Se já o fez, ótimo!

— Ótimo?

Sim, porque isso também entra na sua narrativa como uma lição, como superação de uma versão anterior sua, que já ficou para trás e que agora, bem contada, pode servir de inspiração para outras pessoas, pois demonstra sua vulnerabilidade e autenticidade em assumir uma fragilidade.

Superado o fato, assumir supostos erros e compartilhá-los se torna inspiração para os demais.

Primeiro papel a ser evitado: a vítima

Quando se deixa de ser a gente mesmo, temos uma terrível tendência a nos fazermos de vítima. Isso ocorre quando não nos sentimos capazes e acreditamos que nosso destino não está em nossas próprias mãos, mas sim nas mãos da família, do chefe, do namorado, da esposa ou de quem quer que seja.

É preciso trabalhar a autorresponsabilidade nesses casos, para que a pessoa saia dessa postura e se sinta capaz de ser responsável pela própria vida.

Veja! Não cabe ao outro reconhecer o seu talento.

Você reconhece seu talento? Consegue contar com clareza os seus feitos?

Lembre-se, toda história tem significado e é preciso olhar para ela com transparência. Nossas escolhas nos trouxeram até aqui e, se queremos mudar, precisamos mudar a forma com que fazemos nossas escolhas.

Segundo papel prejudicial: o justiceiro, vingador

O nome pode até parecer engraçadinho, mas é só isso mesmo.

O foco aqui nunca está na solução, mas sim no problema, pois, para um justiceiro, o importante é encontrar culpados e não resolver as questões.

O indivíduo que não está no papel de vítima, nem de herói, mas daquele que vai buscar razões para sua vida, ainda movido por culpa, procurando um algoz para quem acredita ser responsável por seus malefícios.

Diferentemente da vítima, que espera que outra pessoa cuide dela. O justiceiro não quer que ninguém faça nada por ele, seu foco é encontrar culpados.

Uma pessoa que não consegue honrar sua história, por tudo que não conquistou, acaba transferindo equivocadamente suas mazelas e insatisfações para o outro, seja ele quem for: o marido, o chefe, a mãe e até mesmo Deus.

— Quem fez isso comigo, meu Deus?

E por aí vai, o justiceiro ou vingador sempre tem alguém errando no lugar dele e acredita que ele vive para fazer justiça e o faz por meio da reclamação, da crítica e da responsabilização do outro por tudo o que acha que está errado no mundo.

Terceiro papel perigoso: o herói

Outro momento delicado para a forma como olhamos a nossa história é quando queremos salvar a tudo e a todos.

Quem se coloca nessa situação acaba se sentindo como um herói ou heroína. A pessoa acredita que é sua obrigação defender os fracos, oprimidos ou indefesos, que são incapazes de sobreviver sozinhos.

O herói costuma achar que todo mundo é incapaz, o que enfraquece o seu entorno. Ele se cerca de pessoas frágeis, quer salvar a todos.

Quantas pessoas você consegue identificar nessa frase, não é mesmo? São muitas! Mas, antes de apontar o dedo, olhe para si mesmo e reflita, se você está fazendo o papel de vítima, justiceiro ou herói. E saia de qualquer um deles, porque em nenhum você está sendo autêntico.

Devemos olhar para dentro de nós mesmos, sem máscaras, sem receios e perceber o que verdadeiramente somos, ainda que não gostemos de algo. Quando nos abrimos para o que é, adquirimos a possibilidade de nos transformar em algo melhor.

Quem trabalha o autoconhecimento não fica em nenhum desses papéis o tempo todo, mas no seu a maior parte do tempo, demonstrando autenticidade perante o mundo.

> Observe se a sua narrativa realmente expressa sua autenticidade.
> **REBECA TOYAMA**

QUINTA FERRAMENTA: NARRATIVA AUTOBIOGRÁFICA

A Narrativa dá sentido e significado para o nosso passado.

Diz quem somos no momento presente.

Traz clareza sobre o nosso futuro.

Por que alguns de nós sofre tanto durante tantas fases da vida, especialmente quando somos mais jovens e ainda imaturos? Porque a gente não entende o significado daquilo que viveu.

Quando damos significado para o que aconteceu no passado, sendo algo positivo ou negativo, isso vira aprendizado e conhecimento. Nos tornamos pessoas melhores e, a partir daí, sentimos orgulho de quem nos tornamos.

Para facilitar a elaboração de sua narrativa, segue a versão que escrevi para este livro. Ter clareza do objetivo que queremos atingir com nossa narrativa nos ajuda a ter assertividade no texto, por isso sugiro que dedique especial atenção às ferramentas apresentadas anteriormente e, depois, analise se sua narrativa está alinhada com a Visão de Futuro, a ferramenta que mostrarei no próximo capítulo.

A minha Narrativa: Rebeca Toyama

Rebeca Toyama é mãe, esposa, fundadora da ACI – Academia de Competências Integrativas, uma empresa signatária do Pacto Global da ONU e porta-voz da ODS 8 (objetivo de desenvolvimento sustentável - trabalho decente e crescimento econômico) do Programa Liderança com ImPacto da ONU no Brasil.

Escolheu tecnologia por achar que pessoas são complicadas. Iniciou a carreira no mercado financeiro e encerrou o ciclo corporativo numa multinacional do setor automobilístico. Acumulou formações em tecnologia, administração, comércio exterior, *marketing* e governança, mas seus desafios profissionais encontraram respostas no autoconhecimento e na psicologia.

Concluiu mestrado em Psicologia Clínica pela PUC – SP e integra o corpo docente de diversas instituições de ensino. Especialista em liderança, carreira e tendências no mundo do trabalho. Atua como palestrante, mentora, consultora, escritora e *coach*.

Exercício Narrativa Autobiográfica

É hora de você olhar para a sua história de vida.

Quem é você hoje? De onde veio? Que dificuldades passou? E o que fez com essas lições? Como as transformou e as ressignificou para dar sentido à sua existência? E quais foram as suas conquistas? Quais foram as melhores coisas que você fez na vida?

Quem é você?

Respire fundo e se encha de coragem!

Mesmo momentos tristes podem se transformar numa linda história de superação, porque o melhor protagonista é aquele que contribui com o mundo de forma autêntica. Também relembre os momentos felizes, de conquistas que você viveu.

Quando um cliente me pede uma indicação de livro para entender mais sobre o poder das narrativas, costumo sugerir *Storytelling: aprenda a contar histórias com Steve Jobs, Papa Francisco, Churchill e outras lendas da liderança*.*

Agora chegou a sua vez. Escreva sua minibiografia, focando num objetivo específico, que pode ser inclusive se posicionar em suas redes sociais, uma entrevista de trabalho, uma reunião com um futuro investidor.

O texto deverá ser escrito em primeira pessoa do singular, por exemplo: Eu nasci..., Eu trabalho..., Eu conquistarei...

Como sugestão, divida sua narrativa em três partes: uma delas dedicada ao seu passado; outra, sobre seu momento presente; por último, suas expectativas quanto ao futuro.

Experimente, após finalizar o texto, gravar e assistir ao vídeo com sua minibiografia. Perceba como você se sente e analise que pontos pode melhorar.

💬 DEPOIMENTO DO MARCOS BERNARDO. O CÂNCER, UM RECADO DA VIDA.

— O processo da Rebeca não é só um processo de *Coaching*. Não é

---

* GALLO, Carmine. *Storytelling: aprenda a contar histórias com Steve Jobs, Papa Francisco, Churchill e outras lendas da liderança*. Rio de Janeiro: Alta Books, 2019.

terapia, mas é terapêutico!

Eu estava com cinquenta e um anos quando me deparei com o momento frágil e confuso que me levaria até ela.

Se antes eu estava numa boa zona de conforto por estar num banco há nove anos, com um time de cerca de quarenta pessoas e um ótimo salário no fim do mês, as coisas mudaram quando uma área da empresa começou a ser negociada para venda a outro banco.

"Quem é que vai sobrar aqui?"

Eu não fui o único a me sentir instável no trabalho e insatisfeito com a reestruturação da empresa. Depois de trinta anos de carreira, pela primeira vez na vida, eu me sentia angustiado, incomodado.

"O que eu estou fazendo aqui?"

O meu brilho simplesmente sumiu, mas o incômodo ainda não foi o bastante para me fazer sair do lugar. Então, uma notícia bem pior chegou:

— Você tem um câncer, Senhor Bernardo.

— Um câncer?

"Recado da vida: toma um câncer aqui, bonitão?"

Na época, juro que a luta contra a doença não me abalou. Segui para a cirurgia como quem vai tomar uma injeção contra gripe. Mas a vida, de alguma forma, parecia mesmo querer me arrastar do lugar.

Cinco meses após a cirurgia e recuperação, voltei ao trabalho, lidando com pequenas sequelas. E, um mês depois, o câncer voltou.

"Não era gripe!"

Nesse momento, confesso que fiquei abalado, reflexivo e com medo. Não era mais só sobre a carreira ou o momento atual, mas sobre todo o futuro da minha vida.

— Sim, a vida conseguiu me tirar do lugar!

"Eu não ia me aposentar?"

Era hora de encarar uma longa jornada de radioterapia e quimioterapia. Um ano de licença do banco.

Devo dizer que, mesmo antes de a doença aparecer, a única possibilidade que eu conseguia enxergar para aquele incômodo seria mudar de CNPJ, mas não de carreira.

Foi nesse momento de reflexão, quando já estava fazendo terapia, que um amigo me indicou a Rebeca. Fui lá despretensiosamente e, logo de cara, tivemos uma longuíssima conversa, e ela me chamou a atenção pelo fato de me ouvir bem mais do que falar.

Ela me convidou:

— Quer fazer um processo? Descobrir um caminho diferente para você seguir?

A grande verdade é que eu já tinha vários cursos de *Coaching* dentro do banco, mas a Rebeca tinha um diferencial latente, ela parecia trabalhar o ser humano de forma integral, passando por todas as camadas da vida, não era só no executivo.

"Eu preciso mesmo saber o que quero, quais possibilidades eu tenho."

— Sim, vamos fazer o processo!

Ver o próprio sucesso da história da Rebeca, que saiu do mundo corporativo e estava vivendo ajudando pessoas, contribuindo com elas, foi altamente inspirador para mim.

Quando eu tinha os meus funcionários, no fundo, estava sendo *coach* deles, ajudando, fazendo gestão de equipe. Só talvez não tivesse pensado nisso de forma mais profunda.

Fiz o processo, que foi muito acolhedor para mim. Eu precisava daquilo, já que estava no momento mais fragilizado da minha jornada.

Então, durante essa experiência, eu descobri uma nova possibilidade, que seria fazer exatamente o que a Rebeca estava fazendo.

"A carreira dela me interessa!"

O método que ela aplicava, com encorpamento, de integrar o ser, ver valores, ampliação de consciência. Tudo isso me encantou, abriu meus olhos.

Foi numa das últimas etapas do processo, fazendo o plano de ação, que eu disse:

— Não precisamos fazer o plano de ação, ele já está pronto!

Ela me olha surpresa e eu continuo:

— Quero fazer a formação com você! Quero testar se posso fazer o que você está fazendo.

Rebeca sorri.

Eu continuo, todo empolgado:

— Tenho todas as competências, mas preciso entender como você uniu este conhecimento com a Psicologia Transpessoal.

E assim foi. Acabou o processo e eu já entrei como aluno na formação.

Quando as pessoas falam de propósito... *"Nasci para fazer tal coisa!"*, eu não concordo muito com isso, pois acho que a gente vai mudando esse objetivo durante a vida, a gente pode mudar. E deve mudar! Vida é impermanente e a gente cresce com ela, muda.

Eu não digo que descobri o meu propósito no processo, mas uma grande possibilidade de executar e de levar para o mundo aquilo que eu tinha de melhor em mim. Então, eu poderia dizer que estava redirecionando o meu propósito.

Hoje eu tenho um propósito maior. Naquele momento, eu estava revendo um desejo de carreira e decidi ensinar sobre como lidar com o mundo corporativo de forma alegre, sem esperar o *happy hour* na sexta-feira. Depois do processo, não fazia mais sentido viver o domingo angustiado e, depois, esperar a semana inteira pelo fim de semana.

Do meio para o fim do processo, comecei a fazer atendimentos gratuitos e que eram parte da formação. Foi incrível!

Antes de conhecer a Rebeca, eu já estava fazendo uma mentoria para jogadores de *poker*, e ela veio simplesmente consolidar essa clareza:

— Eu posso ser um mentor!

Então, comecei a trabalhar com atletas de esportes eletrônicos e clientes de outras áreas também foram surgindo.

Hoje eu sei que contribuo, seja no esporte ou na carreira das pessoas, para atuar de forma integrada, de fazer o indivíduo entregar ao máximo aquilo que ele deseja, com autoconhecimento, sendo responsável por sua escolha, alto rendimento e tudo de forma saudável.

A minha qualidade de vida hoje é bem maior. E pelo menos três vezes ao ano, eu vou até a Rebeca, porque ela nunca deixou de ser um referencial para mim.

— Não é terapia, mas é como se fosse!

CAPÍTULO 6

PARA ONDE EU VOU

Quando você entende onde está em seu desenvolvimento e em qual estágio está chegando, pode fazer escolhas que antecipam desafios futuros e, assim, aceleram o seu ritmo.

RICHARD BARRETT

6

Foco e Visualização de Futuro

Imaginar e planejar o futuro é de extrema importância para a nossa vida, porque é um recurso que desenvolve o foco.

A visão de futuro nos ajuda a criar um foco, canalizando nossos conhecimentos, habilidades e atitudes e, assim, criamos a realidade que queremos, para as experiências que desejamos, alinhadas com nossos valores.

O simples fato de se ter uma visão, objetivos e metas e estar nessa direção, reduz significativamente o nível de estresse, já que ele ocorre justamente quando não há direcionamento e clareza para onde ir e, portanto, sobre como fazer escolhas.

Vivemos num mundo com excesso de informações, afazeres, distrações e todo tipo de oportunidade, que torna a falta de foco algo frequente e comum para a maioria das pessoas.

Alguns segundos com o celular na mão e pronto: adeus, foco! O indivíduo é capaz de permanecer horas olhando para a tela e sequer se lembrar porque começou a olhar para ela. Em seguida, não se recorda de tudo o que viu e percebe que apenas perdeu tempo. Muito tempo!

Nossos neurônios reagem às redes sociais provocando prazer com o deslizar de dedo e as inúmeras informações no rolar de tela, geralmente sem importância. Ainda assim, permanecemos ali.

Ao ligar o rádio ou a televisão, o mesmo acontece, num excesso de imagens e ou informações que nos levam de nós mesmos para outro lugar qualquer.

Habitar a sociedade atual é ser constantemente bombardeado por informações e apelos que roubam o nosso tempo, quando muitas vezes nem percebemos.

Mediante isso tudo, como ter foco para cumprir uma tarefa? Ou várias? Um trabalho? Como permanecer num projeto? Ter um objetivo ou sonho a longo prazo?

Quando integramos razão, emoção, intuição e sensação, sabemos que o cuidado físico é fundamental, pois dentre tantos benefícios, nos ajuda a pensar, sentir e intuir melhor.

Mas o que mais pode nos ajudar a aumentar o foco?

A definição de nossos objetivos: a curto, médio e em longo prazo. Ter objetivos bem definidos nos permite o discernimento sobre o que queremos e o planejamento de como vamos caminhar até essa realização.

A partir daí, começamos a trabalhar a Visão de Futuro, que muda não apenas as chances de ter resultados em todas as áreas da vida, bem como a forma como nos comportamos e contamos nossa história.

O livro de Simon Sinek, *Comece pelo porquê: como grandes líderes inspiram pessoas e equipes a agir**, costuma ser minha recomendação quando algum cliente pede sugestão de leitura nesta etapa do processo.

Foco, disciplina e realização andam de mãos dadas.

A vida muda, você muda.

E tudo se transforma ao seu redor.

---

* SINEK, Simon. *Comece pelo porquê: como grandes líderes inspiram pessoas e equipes a agir*. 1.ed. São Paulo: Sextante, 2018.

SEXTA FERRAMENTA: VISÃO DE FUTURO

O que é visão de futuro e por que ela é importante para você?

Por inúmeros motivos que vão do biológico ao cultural, planejar o futuro não é um ponto forte nas pessoas.

Além disso, quando pensamos sobre o futuro, ativamos o medo de envelhecer, de perder pessoas queridas e das incertezas que fazem parte da vida, mas por meio da Visão de Futuro, percebemos que também podemos ter grandes conquistas lá na frente, como ver nossos filhos crescendo, nosso crescimento profissional e, principalmente, ver nosso propósito virando realidade.

Por isso, é essencial começarmos a treinar nossa mente para que ela pense em longo prazo, trazendo mais naturalidade sobre essa atividade, melhorando as possibilidades sobre quem seremos lá na frente, seja semana que vem, no ano seguinte ou daqui a vinte anos.

- Quem você quer ser no futuro?
- Que legado você quer deixar para a humanidade?
- Deseja abrir o próprio negócio?
- Ocupará o cargo desejado por que foi promovido com louvor?
- Quer estar na formatura do seu filho?
- Vivendo um grande amor?
- Com quem você vai estar quando estiver aposentado?
- O quanto de dinheiro você vai ter?
- Você vai estar saudável e feliz?
- Quais serão suas conquistas?

Imaginar quem você vai será no futuro é a visão que a ACI vem trabalhando há décadas, porque esse exercício transforma a vida das pessoas em diversos aspectos de forma positiva, já que traz clareza, segurança e confiança.

Utilizar a Visão de Futuro é uma maneira leve e prazerosa de desmistificar esse tema tão estranho à mente humana.

Trabalhamos a Visão de Futuro em setênios, assim como fizemos na Biografia, facilitando as projeções sobre nós mesmos, a cada sete anos, o que facilita o exercício e nos permite um planejamento em etapas menores, com maior visão sobre cada área da vida e sobre os eventos que, possivelmente, acontecerão naquele momento.

Agregar as pessoas próximas a nossa Visão de Futuro nos ajuda a compreender melhor as questões temporais que envolvem um planejamento a longo prazo.

Veja na minha Visão de Futuro como ela considera a minha idade atual e das pessoas mais importantes da minha vida, em setênios, me ajudando a enxergar que, quando eu estiver com, por exemplo, 56 anos, minha filha estará com 34 e meu filho, com 19. Meu marido, com 66, e meu pai, com 80.

O que isso significa?

Eu posso imaginar que meu filho estará na faculdade, minha filha, possivelmente, estará se casando ou tendo um filho e meu marido estará ao meu lado me apoiando em novos projetos; e todos esses fatos impactam em minha vida. Pensar sobre isso me permite visualizar melhor meus momentos lá na frente e me planejar para cada um deles.

Nossa caminhada é feita de ciclos e, se olhamos para o nosso passado em setênios, por que não para o futuro? Isso amplia nossa visão e percepção. Habitue-se a pensar sua jornada em setênios, pois cada fase tem suas características próprias e, se usamos esse conhecimento para compreender o que vivemos no passado e o que estamos passando agora, certamente isso também torna mais fácil a nossa Visão de Futuro.

Visão de Futuro pessoal e profissional

Devemos pensar na Visão de Futuro sobre duas esferas, a pessoal e a profissional, já que uma Carreira Saudável demanda equilíbrio entre essas duas áreas. Se houver desequilíbrio, não há paz interior; o contrário, constante insatisfação e conflitos.

Um aspecto muito importante sobre essa ferramenta é que ela vai funcionar como um norteador. Se alguém não tem uma Visão de Futuro, as suas competências: conhecimento, habilidade, atitudes, valores e experiências ficam desorientadas e a pessoa fica sem saber que direção seguir.

A falta dessa visualização é o que faz com que uma pessoa acabe fazendo várias coisas ao mesmo tempo, e muitas vezes não chegando a lugar nenhum, entrando num estado de medo e ansiedade aguda, porque ela não consegue direcionar sua vida e ter discernimento em nenhum aspecto.

Atualmente, a ACI aplica a Visão de Futuro em todos os projetos, por conta de sua relevância em uma Carreira Saudável na construção de um modelo de Liderança Sustentável, o que promove a Cultura de Paz.

Como começar a preencher a sua Visão de Futuro?

Preencha o seu ano de nascimento ao lado de seu nome; depois, na mesma linha, coloque seus próximos setênios. Costumo brincar com meus clientes que é hora de treinar a tabuada do 7: 35, 42, 49, 56, 63...

Em seguida, coloque, abaixo do seu nome, os nomes das pessoas mais relevantes em sua jornada: seus pais, se ainda estiverem vivos, companheiro e filhos. Depois, preencha o ano de nascimento de cada um deles.

Preencha os próximos campos da idade de cada um deles, de forma que você saiba qual será a idade de cada um a cada virada de setênio sua. Dessa forma, verá quantos anos cada um terá cada vez que você virar de setênio.

A seguir, compartilho meu exercício para facilitar a compreensão.

A sua Visão de Futuro em duas esferas

A Visão de Futuro, além de facilitar esse trabalho estranho à mente humana por meio dos setênios, também promove um olhar equilibrado entre vida pessoal e profissional.

Como você se imagina nos próximos setênios na sua vida pessoal, como pessoa?

E na sua vida profissional?

Veja a minha Visão de Futuro, para ajudar você a visualizar a sua:

REBECA TOYAMA

NOME	ANO NASCIMENTO	2023	2025	2032	2039	2046	2053
Rebeca	1976	47	49	56	63	70	77
Silvio (pai)	1952	71	73	80	87	94	101
Denis (marido)	1966	57	59	66	73	80	87
Rebeca (filha)	1998	25	27	34	41	48	55
Davi (filho)	2013	10	12	19	26	33	40
VISÃO PESSOAL		Conhecer Okinawa, a cidade de onde meus ancestrais paternos migraram.	Começar o doutorado.	Ver a filha realizada pessoal e profissionalmente e o filho estudando na Europa.	Fazer uma viagem inesquecível para celebrar os 70 anos do Denis.	Fazer uma festa inesquecível para celebrar meus 70 anos.	Já ter visitado 30% dos países reconhecidos pela ONU.
VISÃO PROFISSIONAL		Lançar meu primeiro best seller e palestrar no Japão.	ACI ser reconhecida como uma escola de excelência na formação de líderes focados em disseminar uma Carreira Saudável. Ter colaborado em dois anos com mais pessoas que colaborei nos últimos 20 anos.	Meu sucesso como palestrante internacional arrecadando fundos para criação da Fundação ACI.	Fundação ACI se transforma em realidade e começa a ajudar idosos e crianças que compartilham e constroem experiências mútuas.	ACI e sua fundação tendo excelentes resultados sem a necessidade de minha presença.	Já ter palestrado em todos os continentes.

Perceba que, na minha visualização, o primeiro setênio a ser trabalhado é em que ainda me encontro e, portanto, são objetivos que consigo projetar num futuro mais próximo, como tornar o presente livro um *best seller*, isso no âmbito profissional.

No âmbito pessoal, planejei conhecer pessoalmente a cidade de Okinawa, de onde vieram meus ancestrais paternos.

Tome meus exemplos apenas como inspiração, pois, para você, essa primeira coluna pode ser algo bem diferente, já que sua idade deve divergir da minha. Então, seus objetivos podem ser outros, como: emagrecer dez quilos e ficar mais saudável, casar, ter um filho, comprar uma casa própria ou, ainda, fazer uma viagem internacional.

O que você quer para cada um dos ciclos da sua Visão de Futuro?

Uma metáfora sobre a Visão de Futuro

A palavra pecado vem de *peccatum*, do latim, que significa errar o alvo, dar um passo em falso. Portanto, uma pessoa vive em pecado quando ela erra o alvo ou dá um passo em outra direção.

Então, eu lhe pergunto:

— Como uma pessoa pode acertar o alvo se ela não conhece esse alvo?

Quem não tem uma Visão de Futuro, não tem probabilidade de acertar um alvo, pois ele não existe.

Por isso pessoas acabam vivendo em pecado, porque não tem um alvo para acertar. Elas atiram para todos os lados, ficam confusas, cansadas, sobrecarregadas e insatisfeitas. Na prática, são as situações de ansiedade, depressão, medo, estresse, síndrome do pânico, adoecimento e até mesmo casos graves de *burnout*.

Para não viver em pecado, é preciso ter uma clara Visão de Futuro.

O que acontece com quem vive em pecado?

Vai para o inferno!

— Mas o que é o inferno?

Uma vida sem sentido, sem propósito, em um trabalho que não se gosta, insatisfeito e com uma vida pessoal desequilibrada.

Então, como evitar o inferno?

Visão de Futuro!

Planeje sua vida pessoal e profissional e tenha uma Carreira Saudável e se torne um Líder Sustentável.

A importância de você imaginar uma foto para cada etapa da sua Visão de Futuro

Para imaginar suas conquistas ou aquilo que você quer, sempre imagine uma foto de algum momento.

Por exemplo, você quer se ver feliz? Ok!

Mas o que é felicidade para você?

Se nossa mente já tem dificuldade para imaginar algo para nós mesmos no futuro, imagine se você ficar definindo isso de forma subjetiva? Sua mente terá ainda mais dificuldade.

Portanto, imagine que a foto da sua felicidade é um momento se concretizando. Pode ser você na casa dos seus sonhos ou comemorando a promoção da empresa com o seu companheiro.

Percebe a diferença que isso faz para sua mente?

"Quero estar feliz!" é bem menos informativo do que *"Estou na minha casa dos sonhos, comemorando a promoção, com a pessoa que amo!"*.

Seja claro com você mesmo e se permita enxergar com a maior assertividade possível os seus objetivos, definindo cada um deles por uma imagem.

Vou citar mais alguns exemplos para que você possa preencher sua Visão de Futuro com assertividade.

- Estou escalando uma montanha na Europa;
- Estou no lançamento do meu novo negócio;
- Estou me casando;
- Estou pegando meu neto que acabou de nascer;
- Estou aplaudindo a formatura do meu filho;
- Estou vendo no meu extrato de investimento meu primeiro milhão;
- Estou ganhando o prêmio mais importante da minha área de atuação.

Qual o impacto da Visão de Futuro na sua vida?

Os benefícios são muitos: seu foco muda, seu poder de decisão aumenta, sua visualização se torna um hábito natural para você, sua confiança se aprimora.

Você só tem a ganhar!

Seu futuro agradece.

> Um bom mentor vê o potencial de seu mentorado sem a limitação que ele percebe sobre ele mesmo. E com isso, tem mais condições de fazê-lo enxergar, aonde ele pode chegar.
> **REBECA TOYAMA**

Exercício Visão de Futuro 📖

Antes de fazer esta atividade, sugiro que revise as atividades anteriores para relembrar as próprias características em cada ciclo.

Depois, escolha um momento silencioso e um lugar confortável para fazer a sua Visão de Futuro.

Lembre-se de que esta ferramenta é de extrema importância para você, porque não define somente o agora, mas constrói pontes para o futuro que você deseja viver.

DEPOIMENTO DO VICENTE. UMA PESSOA NADA COMUM.

— A Rebeca quer que a gente sofra... Ela faz uma sessão de Psicanálise disfarçada de *Coaching*, para que as pessoas encarem suas sombras e limitações!

Eu não sou uma pessoa comum, sou um tanto rebelde, gosto de diversidade e procuro o conhecimento e uma nova forma de enxergar as coisas em tudo o que faço. Gosto do olhar o que vem de dentro para fora.

Por isso, quando fui procurar um profissional, não foi diferente. Eu perguntei para meus colegas sobre os profissionais com quem eles vinham se trabalhando:

— Me diga uma coisa... Esse *coach* aí não vai me fazer perguntas bobas e me dar dicas inúteis, que eu não vou seguir nenhuma, né?

Minha pesquisa de campo demorou um pouco e, mesmo assim, quando me encontrei com a Rebeca, pela primeira vez, foi só para um café. Durante a conversa, assim que citei algo mais profundo e ela respondeu com citações filosóficas de Platão e Sócrates, de cara, eu percebi:

— Achei a profissional que fala a minha língua!

Quando a conheci, já estava trabalhando há cinco anos como gestor de pessoas, na área de educação, com dez anos numa empresa dos sonhos.

Eu estava feliz, satisfeito, ganhava bem, mas faltava um pouco de desafio.

— Qual será o meu próximo passo na carreira?

Eu sonhava estar na Diretoria, mas sabia que seria um caminho árduo, devido ao número limitado de vagas e às pessoas que já estavam numa justa lista de espera. Então, eu tinha que pensar em outras possibilidades, o futuro não estava claro.

Na minha vida pessoal, eu já tinha um filho, com outro a caminho. Não estava passando por nenhuma crise, mas queria me preparar para o futuro.

Comecei um processo que posso dizer que dura até hoje, pois o primeiro durou cerca de quatro meses. E, de tempos em tempos, sempre nos reencontramos, sem contar a minha própria formação na ACI que veio depois.

— O processo foi bonito!

A Rebeca trouxe os setênios para me ajudar a visualizar a vida em ciclos e isso me fez pensar:

— Quanto tempo é tempo demais numa vaga? Quanto tempo é tempo demais para se tomar uma decisão?

Isso me fez refletir muito. Ir além na minha capacidade de enxergar a vida.

O que eu achei mais especial na Rebeca foi o fato de ela usar a transpessoalidade durante todo o processo. Especialmente agora que estudo Psicanálise, tenho certeza de que não se separa o corpo físico do profissional, e ela garante que os dois estejam alinhados até o final dos encontros.

Alinhar a minha vida pessoal com a profissional foi o principal. Isso me trouxe o olhar sobre a dualidade, *Yin* e *Yang*. Não dá para fazer tudo ao mesmo tempo, é preciso equilíbrio. A vida pessoal traz limites para a vida profissional, mas ambas podem ser trabalhadas para que fluam em harmonia.

Depois do primeiro processo, eu saí com três planos bem claros: desenvolver mais a habilidade como gestor, trabalhar algo relacionado com gestão de pessoas e me tornar empreendedor.

Os três pontos não estavam com o passo a passo totalmente definido, mas ter em mente os três principais objetivos me deram um norte e eu segui em frente.

A primeira mudança foi seguir para o departamento de varejo, na mesma empresa e onde atuei por mais três anos. Foi uma experiência incrível, que trouxe lições e desafios, pois a estrutura do setor era cinco vezes mais rentável, com menos clientes, porém bem mais complexos. Consegui desenvolver a habilidade como gestor.

A segunda mudança foi fazer a formação de *Coaching* na ACI, que tem uma metodologia única, que eu gosto e que me permitiu não apenas compreender melhor a mim mesmo, mas me deu a possibilidade de atuar agora como *coach*.

A terceira mudança foi que abri uma padaria com um amigo, que já era padeiro e estava querendo expandir o negócio, justo quando tomei esta decisão. Tem sido um aprendizado enriquecedor.

— Rebeca, preciso de uma ajuda sua...

— Hum?

— Um amigo quer abrir uma padaria, será que é esse o projeto que eu quero me envolver?

— Na nossa primeira conversa, você falou que os maiores prazeres da sua vida eram: música, comida, seus filhos e viagens. Acho que é algo que você deveria considerar!

"Foi certeira!"

Eu percebo que os três objetivos englobaram as minhas diferentes inteligências e hoje eu equilibro melhor os pilares corpo, emoção, mente e espírito.

Todo esse processo de autoconhecimento me permitiu ver que, num dado momento da vida, eu estava sendo racional demais.

Depois que tive meu primeiro filho e passei pelo medo da perda, já que ele nasceu prematuro e teve uma fase bem delicada, posso dizer que experienciei muita emoção nesse momento, que me impactou demais e, por essa razão, comecei a tirar a emoção da minha vida, para que ela não me atrapalhasse. Eu anestesiava os sentimentos, mas me perdia com isso, pois também deixava de viver as boas emoções. Eu matei meus prazeres pessoais, mas depois me reequilibrei.

No momento que estava tentando ter o segundo filho, consegui voltar a focar na vida pessoal, porque entendi que a razão não resolve todos os problemas.

Passados os três anos, com a ajuda da Rebeca, saí da empresa e fui me aventurar como diretor numa *Startup*, o que me rendeu entender como funciona esse tipo de empresa, com outros valores, cultura e com os desafios que gosto de ter, mas acabei não ficando na empresa muito tempo.

Depois disso, cheguei a planejar um período sabático, mas uma nova empresa dos sonhos me chamou e agora atuo como diretor num lugar que trabalha com outro dos meus maiores prazeres: música.

"Sincronicidades do Universo!"

A Rebeca diz que eu faço coisas demais. Mas eu me dou um desconto, porque, no fim das contas, tenho conseguido juntar os meus melhores mundos dentro das minhas quatro inteligências.

Estou numa empresa que trabalha com música, tenho minha padaria e dois filhos com quem convivo todos os dias, além de continuar investindo nas formações de *coach* e psicanalista. Viagens vêm de quando em quando.

Em todos esses processos e conversas, a Rebeca me mostrou que eu não dependo das empresas para ser alguém, posso ser apenas eu mesmo e ir atrás dos trabalhos que fazem sentido para mim e usar meus talentos para moldar tudo isso.

Ela me permitiu sentir, intuir e me emocionar dentro do trabalho:

— Não precisa criar essa casca para ter sucesso na carreira, Vicente! Só se permita ser você, por inteiro!

A Rebeca me presenteou com uma visão pragmática da vida, ela diz o que eu tenho que fazer.

"O que um terapeuta não fala, a Rebeca fala!"

Na minha Visão de Futuro, considero a carreira de psicanalista, em uns cinco anos.

Daqui um tempo, faço outro processo de *Coaching* com a Rebeca e resolvo isso:

— Viro psicanalista ou não, Rebeca?

"Lá vou eu sofrer mais uma vez…"

CAPÍTULO 7

QUEM JÁ CHEGOU LÁ

> É preciso coragem para ser imperfeito. Aceitar e abraçar as nossas fraquezas e amá-las. E deixar de lado a imagem da pessoa que devia ser, para aceitar a pessoa que realmente sou.
>
> **BRENÉ BROWN**

7

O que é *Benchmark* ou *Benchmarking*?

Esses dois termos são bem parecidos, mas têm uma diferença. *Benchmarking* é uma pesquisa realizada dentre algumas empresas ou marcas consideradas referência no que fazem, para se definir quais delas podem se tornar referência e serem tomadas como exemplo no mercado.

Benchmark é a empresa ou marca que já serve de exemplo e se tornou referência, no produto ou serviço que vende, ou em algum processo que faz com excelência.

Podemos usar esse termo também para pessoas que tomamos como referência em nossas vidas, para que elas nos sirvam de inspiração e motivação: que caminho elas seguiram? Que formação elas fizeram? Que tipo de negócios elas se envolveram? Qual o diferencial que possuem? Que princípios seguem? Quais são suas competências?

O que eu posso aprender com essas pessoas que admiro?

Observar o que eu admiro em outra pessoa é definir um modelo que posso seguir como exemplo e me melhorar como pessoa e profissional.

Não se trata de escolher uma pessoa perfeita que é boa em tudo o que faz, isso não existe. Trata-se de tomar o exemplo de alguém que faz com excelência um determinado processo ou característica como, por exemplo, um excelente líder ou um habilidoso comunicador, um exímio estrategista. Não imagine um semideus, mas alguém que chegou aonde você gostaria de chegar, ou superou um desafio que você está enfrentando. Quando meu cliente tem dificuldade neste exercício, costumo sugerir o livro *A coragem de ser imperfeito: como aceitar a própria vulnerabilidade, vencer a vergonha e ousar ser quem você é*[*], no qual a autora Brené Brown nos ajuda a compreender que nem nós nem nosso *benchmark* somos perfeitos, e essa descoberta é libertadora.

Todos somos luz e sombra e essa compreensão nos permite perceber que nós mesmos podemos colaborar com alguém, mesmo não sendo perfeitos.

Perceber qualidades em outro profissional me ajuda a trabalhar as características que considero importantes e o que almejo alcançar na vida.

Esse processo também desperta o autoconhecimento, uma vez que um olhar mais atento sobre o outro me leva a um olhar mais profundo sobre mim mesmo.

Você já havia pensado nisso?

Sabe quem são os *Benchmarks* que podem ser modelo para você?

É preciso ter um *benchmark*?

O que a gente defende na ACI sobre isso?

Ter um *benchmark* significa ter o referencial de alguém que já chegou no lugar aonde você quer chegar, portanto, seguir os passos dessa pessoa serve como um guia constante para você, é uma ajuda inestimável.

Veja!

---

* BROWN, Brené. *A coragem de ser imperfeito: como aceitar a própria vulnerabilidade, vencer a vergonha e ousar ser quem você é*. São Paulo: Sextante, 2016.

Uma Carreira Saudável pode partir de resultados incríveis, desde que sejamos nós mesmos, agindo com autenticidade. Para isso, é preciso ter clareza dos próprios valores e forças.

Como eu sei quais são as minhas forças e se estou as utilizando da melhor forma?

Para saber se estamos usando as nossas forças, basta avaliar se a nossa carreira está fluindo como gostaríamos.

Se a vida profissional não está sendo satisfatória, ou não estou ganhando dinheiro ou crescendo na carreira, significa que há alguma coisa sobre mim que estou me esquecendo. Eu posso estar fazendo coisas que não têm a ver com o meu propósito e objetivos.

Eu costumo dizer que, quando chegamos neste planeta, trazemos duas malas: uma, de valores, e outra, de talentos. Todos temos essas duas bagagens, além de um propósito de vida.

Levamos tempo para compreender com clareza nosso propósito. É preciso viver algumas experiências para nos vermos no caminho que viemos para seguir. Mas, a partir do momento que começamos a caminhar e a colocar nossos valores e talentos a serviço do outro, tudo muda.

Toda vez que você se perceber numa fase ruim ou confusa, olhe para seus valores e forças e se pergunte: que parte de mim eu estou esquecendo?

Sempre que somos leais aos nossos valores e usamos de nossas forças, nos sentimos fortes e no caminho certo, ainda que problemas externos aconteçam, porque internamente estamos bem.

Já quando estamos trazendo resultados para casa, gerando resultado para nossa empresa e tendo satisfação, provavelmente, nossos valores e forças estão sendo usados e respeitados.

Isso é Carreira Saudável.

Ter um *benchmark* é algo que colabora com você nesse processo, pois é como ter um norteador, ajuda você a reconhecer por meio do outro seus valores e forças, bem como criar sua marca pessoal.

Afinal, há tempos sabemos que a nossa marca não é mais de responsabilidade de nosso empregador. Portanto, é essencial que você conheça seus valores e suas forças para criar seu posicionamento com autenticidade, baseado em você e, possivelmente, inspirado em seu *Benchmark*.

SÉTIMA FERRAMENTA: BENCHMARK

Quem são os meus *Benchmarks*?

Para ajudar você a definir os *Benchmarks* da sua vida profissional, vou apresentar as duas pessoas que mais influenciaram a minha carreira e continuam me influenciando até hoje.

A minha amiga Dulce Magalhães, infelizmente não está mais entre nós, o que ainda me causa comoção, mas tenho satisfação em dizer que, ainda assim, ela continua me influenciando. Ela foi uma pessoa que me ajudou muito. Foi uma das profissionais de *Coaching* que passou pela minha vida, me formou e me inspirou a ser cada vez melhor em tudo o que faço. E esse processo continua até mesmo ao escrever este livro, nesse exato momento.

Ela foi um exemplo de determinação e força para mim, sabia motivar as pessoas, ganhava o palco e construiu uma carreira sólida, baseada na Cultura de Paz.

É muito importante e especial para mim seguir o exemplo da Dulce, pois sua inspiração é grande parte responsável por quem eu sou hoje, o que você poderá ver na minha ferramenta *Benchmark* a seguir.

É importante saber que você não precisa conhecer seu *Benchmark* pessoalmente; no meu caso, eu tive esse privilégio em relação a Dulce, mas não é algo que deve determinar nossa escolha.

O meu primeiro *Benchmark*: Dulce Magalhães

Na área do conhecimento, Dulce Magalhães era PhD em Filosofia, pela Universidade Columbia, dos Estados Unidos, tinha Mestrado em Comunicação Empresarial pela Universidade de Londres, pós-graduação em *Marketing* pela ESPM, em São Paulo, especialização em Educação de adultos pelas Universidades de Roma, Itália e Oxford, Inglaterra.

Quanto às experiências, Dulce fazia parte de um comitê de 80 lideranças coordenado pelo ex-presidente Bill Clinton para elaboração de um Programa Global de Cultura de Paz. Ela ajudou a trazer o 10º Fórum Mundial da Paz para a capital catarinense, proferiu mais de duas mil palestras e publicou dezesseis livros. Foi uma das dez palestrantes mais procuradas do Brasil.

Em relação a mim, também tenho diferentes formações, as quais uni para criar minha empresa e as ferramentas que utilizo. Me tornei Porta-voz da ODS 8 (objetivo de desenvolvimento sustentável) da ONU no Brasil, disseminando trabalho decente e crescimento econômico, proferi centenas de palestras, rumo às duas mil e estou escrevendo o meu primeiro livro, o qual pretendo trabalhar para divulgá-lo e torná-lo um *best seller*.

O conhecimento e as experiências da Dulce serviram de inspiração para mim, um modelo a seguir. Eu nunca tive a intenção de ser igual a ela, porque isso não é necessário. Nossos *Benchmarks* devem seguir apenas como um guia, um motivo de inspiração.

O que a Dulce fazia que eu gostava e gostaria de tomar como exemplo?

Sua colaboração junto a lideranças, sua atuação internacional, sua dedicação aos estudos, seu sucesso com palestras e livros.

> Ser escritor não é contar uma boa história,
> é fazer a história boa pelo
> seu jeito de contar...
> **DULCE MAGALHÃES**

Como os meus *Benchmarks* influenciaram a minha carreira?

Se a pessoa que eu tenho como referência havia feito Mestrado, para mim era um sinal claro de que eu deveria fazer o mesmo. E fiz!

Saber que a Dulce fazia parte de um comitê de 80 lideranças coordenado pelo ex-presidente americano Bill Clinton para elaboração de um programa Global de Cultura de Paz foi uma grande inspiração para que eu me envolvesse com a ONU.

O quanto eu devo esse feito a minha amiga e *Benchmark* Dulce?

Estou me movimentando também para chegar ao número de duas mil palestras. Os feitos da Dulce são referenciais para mim o tempo todo, bem como para a minha empresa.

Eu estou escrevendo o meu primeiro livro e sei que trabalharei para que ele se torne um grande sucesso.

O meu segundo *Benchmark*: Richard Barrett

Além da Dulce, outra pessoa que defini como *Benchmark* na minha carreira é um autor britânico chamado Richard Barrett, que escreve livros sobre liderança, valores, consciência e evolução cultural, tanto nos negócios quanto na sociedade.

Richard Barrett era engenheiro, mas num dado momento se interessou por psicologia e espiritualidade e se aprofundou nesse conhecimento. O mesmo aconteceu comigo.

Ele fundou a Barrett Values Center, eu fundei a ACI. Ele criou um modelo com sete níveis de consciência. Eu criei na ACI uma Metodologia própria de desenvolvimento pessoal. Ambos formamos profissionais mundo afora.

Ele fundou a Sociedade de Desenvolvimento Espiritual dentro do Banco Mundial. Imagina!

Para Barrett, o ser também possui várias dimensões que devem ser integradas para formação de uma Liderança Sustentável.

"Eu quero fazer isso!"

O quanto isso soa inspirador para você?

Descobrir que um profissional que contribuiu com a formação de grandes líderes teve a ideia ousada e inovadora de criar uma sociedade de desenvolvimento espiritual, corroborou para que eu me sentisse ainda mais segura e motivada com meus valores.

Para termos uma Carreira Sustentável, precisamos de alguns *benchmarks* inspiradores, como o Barrett e Dulce são para mim.

Tenha seus próprios *Benchmarks*

Ter bons *Benchmarks* nos fortalece porque eles nos trazem a sensação de que é possível chegar aonde queremos, além de nos mostrar possíveis lacunas que queremos preencher com o tempo, para sermos o que desejamos ser em nossa Visão de Futuro.

Não importa se é alguém próximo a você ou distante: pode ser um chefe, um colega de trabalho ou um grande autor, palestrante, familiar, cientista, não importa, desde que seja alguém que vai inspirar você a acreditar em seu propósito e mostrar possibilidades de chegar lá.

O que você deseja conquistar na sua vida?

Considere escolher pessoas que já alcançaram aquilo que você quer. Faça essa pessoa e sua história uma fonte de aprendizado.

Quem você quer ser quando crescer?

> Somente focando no bem maior podemos criar as condições que nos dão a oportunidade de encontrar nosso maior sucesso pessoal.
> **RICHARD BARRETT**

Exercício *Benchmark*

Pense em pessoas inspiradoras para você, aonde gostaria de chegar mirando esses exemplos na sua vida? Elas, provavelmente, têm valores similares aos seus. Podem ser pessoas da sua área de atuação profissional ou não.

Escolha três pessoas, pesquise a vida delas. Hoje isso é bastante fácil por conta da internet e das redes sociais. Basta você digitar o nome da pessoa no navegador e somos inundados por inúmeras informações, que vão desde uma foto até pendências jurídicas. Caso nunca tenha feito, experimente fazer essa experiência com seu próprio nome.

Costumo orientar nossos clientes a simularem o inventário de competências de nosso *benchmark*:

- **Conhecimento** – o que e onde ele estudou;
- **Habilidade** – o que ele faz muito bem;

- **Atitude** – quais suas principais características de personalidade;
- **Valores** – o que ele valoriza;
- **Experiência** – quais suas principais conquistas ou desafios superados.

Após ter escolhido as três pessoas e pesquisado sobre elas, responda às perguntas a seguir. Se necessário, aprofunde mais sua pesquisa sobre seu *benchmark*.

1. O que você tem a aprender com ele?
2. O que você faria de diferente dele?

DEPOIMENTO DA JULIANA.
UMA MULHER FORTE, DECIDIDA E EM EQUILÍBRIO.

Eu fiquei extremamente emocionada quando me encontrei com a Rebeca pela primeira vez.

"Ai, meu Deus, eu estou de frente para ela!"

Eu já a seguia nas redes sociais há alguns anos, acompanhava seu trabalho e a admirava muito. Eu não sou uma pessoa de ter ídolos, mas posso afirmar que é o que ela é para mim: inspiração.

Hoje compreendo e consigo perceber bem que, naquele momento, eu era bastante insegura, tanto de mim quanto do meu trabalho.

Eu sou química, estava há cinco anos numa indústria e vivia uma grande insatisfação pessoal, que era trabalhar longe de casa e perder a oportunidade de conviver com meu filho.

Eu passava horas no transporte para chegar até o local de trabalho e voltar. Para mim, eu estava perdendo a infância dele, já que muitas vezes eu mal o via, porque saía cedo, quando ele mal tinha acordado e, quando voltava, ele já estava dormindo. A minha frustração era um peso. Eu não estava exercendo o meu melhor papel: de mãe.

Por isso, o que conclui lá atrás é que eu deveria fazer uma transição de carreira e trabalhar na área de educação financeira, pois já fazia um pouco de consultoria na área.

Só que, a partir do momento que iniciei o *Coaching* com a Rebeca, outras coisas começaram a vir à tona.

O processo me mostrou necessidades de mudança e crescimento:
— Eu preciso me tornar mulher, deixar de ser uma menininha.

Para a Rebeca, ficou claro que havia muitas questões para serem trabalhadas e observadas antes de uma transição propriamente dita.

Com tudo isso acontecendo, chegou a pandemia e eu comecei a ficar em casa com meu filho, ao mesmo tempo que continuava o processo. Também acreditei que seria o momento ideal para uma transição profissional.

"Não aguento mais o mundo corporativo."

Durante todo o processo, busquei melhorias em mim mesma, sempre com o suporte que a Rebeca trazia: participei de grupos de mentoria para empreendedores na ACI, consegui fazer alguns atendimentos, aos poucos fui buscando melhorar meu emocional, procurei uma psicóloga e uma total transformação de quem eu era foi iniciada.

O tema sempre foi a transição de carreira, porque, na minha percepção, era o modelo CLT que estava me impedindo de estar com meu filho e o empreendedorismo parecia ser a única solução.

O primeiro foco da Rebeca foi trabalhar a Juliana, conhecer a minha história, o que faz parte da metodologia dela, analisar a jornada de seus clientes. E isso ressignificou muita coisa, já que eu nunca tinha olhado para isso antes.

Eu nunca teria aberto os olhos para meu passado e para tudo o que poderia aprender em termos de autoconhecimento, sem o processo de *Coaching*.

Foi o meu despertar de consciência. Existe um Antes & Depois de mim mesma em relação a esse processo, um marco na minha vida.

Até então, jamais tinha imaginado que um problema de relacionamento na infância poderia estar me afetando em tantas áreas.

Com esse novo olhar, eu pude compreender melhor meus pais e tudo o que vivi com eles, passei a ter um novo entendimento para muitas coisas e pude melhorá-las. Inclusive na minha relação com meu filho, com o meu marido, com a minha família.

"Eu vou fazer diferente do que fizeram comigo".

Outro foco foi fazer com que eu prestasse mais atenção em mim mesma e, com isso, passei a me cuidar mais e praticar alguns esportes.

Nesse meio tempo, por causa da pandemia, comecei a trabalhar em casa. Fiquei perto do meu filho justo na época em que ele começou a ler e escrever. E eu pude participar disso, foi muito gratificante.

O trabalho de *home office* era algo que eu nunca tinha imaginado e parecia o melhor dos mundos.

Tudo o que estava acontecendo somado ao processo me trouxe percepções que mudaram a minha vida. O problema não era a empresa que eu trabalhava, mas o modo como trabalhava. Além disso, minha autoestima mudou e eu passei a ter orgulho do que fazia como profissional.

Hoje eu sou feliz com o que faço, sei que sou boa nisso, mas antes eu não me dava conta desse sentimento. Não me olhava como química, nem via valor no que fazia, até que num dos últimos encontros com a Rebeca eu disse:

— Eu descobri o valor da minha função, eu cuido de pessoas, garanto a segurança dos alimentos que chegam a suas casas, não permito que elas recebam alimentos ruins.

Isso me deixou feliz!

Tem algo na Rebeca que eu admiro muito, que é a facilidade que ela tem de falar dela mesma. Eu nunca consegui falar assim de mim, mas estou aprendendo.

Hoje eu continuo trabalhando em modo *home office*, entendi que o problema não era a empresa, mas o querer estar em casa. Ponto resolvido.

Sei que, quando cheguei ao processo com a Rebeca, eu era uma menininha, mas agora, chegando aos 40 anos, me sinto forte e capaz, sou vista e estou satisfeita, gosto de ser química, gosto da área em que eu trabalho.

— Eu me tornei uma mulher! Forte, decidida e em equilíbrio!

"Sou feliz!"

CAPÍTULO 8

MEUS CONSELHEIROS

Um grande líder
tem cérebro, visão, alma,
valores e um coração.
KLAUS SCHWAB

8

Talvez para você o nome pareça estranho, mas sem exceção, para todos os clientes que passaram pela ACI, essas quatro letras mudaram suas vidas.

R de razão, E de emoção, I de intuição e S de sensação. Aprendi esse conceito durante minha pós-graduação em Psicologia Transpessoal. Se quiser conhecer mais, sugiro o livro *Abordagem Integrativa Transpessoal. Psicologia e Transdisciplinaridade*, escrito pelas Doutoras Vera Saldanha e Arlete Silva Acciari.*

Embora os testes de perfil que fiz nas empresas já tivessem me mostrado essas quatro dimensões, compreender a importância em integrá-las é o caminho para uma vida equilibrada. Tal compreensão despertou meu interesse em me aprofundar, o que me levou a aprender sobre Eneagrama, DISC e MBTI.

Fiquei incomodada com o mercado pregando que devemos nos adaptar para ter sucesso e comecei a mostrar que descobrir nossa essência e retornar para ela seria o caminho mais sustentável para uma Carreira Saudável.

A capacidade do ser humano em se adaptar é uma habilidade preciosa, todavia, dependendo da forma e tempo que a usamos, podemos acabar esquecendo quem somos.

---

* SALDANHA, Vera & ACCIARI, Arlete S. *Abordagem Integrativa Transpessoal. Psicologia e Transdisciplinaridade*. São Paulo: Inserir, 2019.

Por inúmeros motivos, quando nascemos, acabamos nos aproximando, mais de algumas e menos de outras das quatro dimensões do REIS.

Para simplificar, criei a metáfora do carro, na qual cada um de nós coloca uma das dimensões no banco do motorista. Alguns colocam a razão; outros, a emoção, a intuição ou a sensação. Em seguida, colocamos uma segunda dimensão no banco do passageiro, esta atua como uma função de apoio, pois as consultamos esporadicamente. Uma terceira função é colocada no banco de trás e costumamos recorrer a ela apenas quando estamos estressados. A quarta que sobrou fica no porta-malas, é a função que raramente escutamos ou acessamos, mesmo quando precisamos muito dela, isso acaba criando um ponto cego em nossas vidas.

Nessa composição, ficamos reféns de nosso ego, perdemos autonomia, autenticidade e o foco na solução, pois cada uma das dimensões tem a sua prioridade:

- **Razão** - estar sempre certa;
- **Emoção** - ser amada sempre;
- **Intuição** - ser visionária e ter liberdade;
- **Sensação** – ter segurança.

Ser um Líder Sustentável demanda que nossa essência esteja no volante e não nenhuma de nossas dimensões, mas, para isso, precisamos considerá-las igualitariamente para que tenhamos mais clareza sobre quem somos e qual o nosso papel no mundo.

Para que servem?

Meu objetivo aqui não é esgotar o tema, mas, sim, ajudar o leitor a compreender esse instigante assunto que desde a Grécia Antiga já chamava a atenção dos filósofos. A ideia de que os seres humanos podem ser divididos em quatro grupos tem estado presente desde os tempos mais antigos entre os pesquisadores da personalidade e do comportamento humano.

Razão

Pessoas com essa dimensão em excesso costumam ser chamadas, entre tantos outros rótulos, de racionais. Resumem o mundo ao conhecimento, enquanto pessoas que a acessam pouco ignoram a importância dos dados, ou informações em suas escolhas.

O medo que habita nessa dimensão é o de errar, por conta da ilusão do perfeccionismo. Quando em desequilíbrio, essa dimensão demanda que sempre tenhamos razão em detrimento da felicidade ou bem-estar. Quando saudável, essa dimensão nos traz clareza sobre como realizar nossos objetivos, nossa visão de futuro e nosso propósito.

> Tenho um corpo, mas não sou meu corpo.
> Tenho desejos, mas não sou meus desejos.
> Tenho emoções, mas não sou emoções.
> Tenho pensamentos, mas não sou meus pensamentos.
> Sou o que resta, um puro centro de consciência.
> **KEN WILBER**

Emoção

Pessoas com essa dimensão em excesso costumam ser chamadas, entre tantos outros rótulos, de emotivas. Resumem o mundo aos relacionamentos, enquanto pessoas que a acessam pouco ignoram a importância dos outros em sua caminhada.

O medo que habita nessa dimensão é o abandono por conta da dependência emocional. Quando em desequilíbrio, essa dimensão demanda que sempre sejamos amados, queridos e apreciados. Quando saudável, essa dimensão nos ajuda a estabelecer relacionamentos nutritivos, em que conseguimos apoiar e ser apoiados.

> Perceber o que as pessoas sentem sem que elas o digam constitui a essência da empatia.
> **DANIEL GOLEMAN**

Intuição

Pessoas com essa dimensão em excesso costumam ser chamadas, entre tantos outros rótulos, de visionárias. Resumem o mundo ao futuro sonhado, enquanto pessoas que acessam pouco são céticas e ignoram qualquer coisa que não podem tocar.

O medo que habita nessa dimensão é o aprisionamento por conta de sua necessidade de liberdade. Quando em desequilíbrio, essa dimensão faz com que percamos o contato com o mundo concreto. Quando saudável, essa dimensão nos conecta à espiritualidade e ao nosso propósito.

> Todo o conhecimento humano começou com intuições, passou daí aos conceitos e terminou com ideias.
> **IMMANUEL KANT**

Sensação

Pessoas com essa dimensão em excesso costumam ser chamadas, entre tantos outros rótulos, de pragmáticas. Resumem o mundo ao que podem ver e tocar, enquanto pessoas que a acessam pouco ignoram a parte concreta e material da vida.

O medo que habita nessa dimensão é a escassez por conta de sua fixação na necessidade de segurança e conforto. Quando em desequilíbrio, essa dimensão faz com que estejamos o tempo todo correndo atrás de algo. Quando saudável, essa dimensão nos dá foco para que façamos o que é necessário para realizarmos nossos objetivos.

> Não há nada na nossa inteligência que não tenha passado pelos sentidos.
> **ARISTÓTELES**

OITAVA FERRAMENTA: CONSULTANDO O REIS

Meu objetivo com essa ferramenta é fazer com que meu cliente aprenda a escutar suas quatro dimensões de forma saudável e, depois, consiga dar espaço para cada uma delas em sua vida, pois, somente dessa forma, ele conseguirá compreender as pessoas e o mundo que o rodeiam, uma característica primordial para um Líder Sustentável.

No livro *A quarta revolução industrial**, o autor Klaus Schwab, o fundador do Fórum Econômico Mundial, reforça que precisaremos desenvolver quatro tipos de inteligências descritas a seguir para enfrentar os desafios de um mundo cada vez mais complexo com sabedoria coletiva:

- **O contextual (a mente)** – a maneira como compreendemos e aplicamos nosso conhecimento;

---

* SCHWAB, Klaus. *A quarta revolução industrial*. São Paulo: Edipro, 2018.

- **O emocional (o coração)** – a forma como processamos e integramos nossos pensamentos e sentimentos, bem como o modo que nos relacionamos com os outros e com nós mesmos;
- **A inspirada (a alma)** – a maneira como usamos o sentimento de individualidade e de propósito compartilhado, a confiança e outras virtudes para efetuar a mudança e agir para o bem comum;
- **A física (o corpo)** – a forma como cultivamos e mantemos nossa saúde e bem-estar pessoais e daqueles em nosso entorno para estarmos em posição para aplicar a energia necessária para a transformação individual e dos sistemas.

Lembro até hoje o quanto fiquei feliz quando encontrei, quase no final do livro, a menção das quatro inteligências. De lá para cá, comecei a complementar minha explicação sobre REIS com as quatro inteligências e isso tem ajudado muito na compreensão sobre o tema.

Além deste livro, quando o cliente precisa compreender melhor as emoções, indico *Inteligência Emocional* escrito por Daniel Goleman[*], um dos precursores desse termo, que, inclusive, é apontada como uma das principais habilidades do profissional do Futuro pelo Relatório Futuro do Trabalho do Fórum Econômico Mundial.

Quando o pedido de indicação de livro é sobre intuição, recorro ao *QS: Inteligência Espiritual,* escrito por Danah Zohar e outros autores[**]. A autora, após ter se graduado no MIT (Instituto de Tecnologia de Massachusetts) e se pós-graduado em Harvard, tem cunhado o tema Inteligência Espiritual e o aproximado também do mundo corporativo.

---

[*] GOLEMAN, Daniel. *Inteligência emocional.* Rio de Janeiro: Objetiva, 1996.

[**] ZOHAR, Danah. *QS: Inteligência espiritual.* São Paulo: Viva Livros, 2012.

Segundo *A sociedade do cansaço*,* nome de um dos livros do autor Byung-Chul Han, as pessoas estão muito ocupadas para cuidar de si mesmas. Por isso, costumo indicar esse livro aos clientes que não compreendem a importância do autocuidado e a função dos cinco sentidos: olfato, paladar, visão, tato e audição, que a sensação (S) nos convida para escutar.

Rápido e devagar: Duas formas de pensar**, escrito por Daniel Kahneman, o psicólogo que foi laureado com um Nobel em Economia, tem ajudado muito meus clientes a compreenderem um pouco mais a forma que pensamos, agimos e decidimos.

Exercício Consultando o REIS

Esteja num local tranquilo, peça gentilmente para que as pessoas não o acionem por algum tempo, cuide para que seus equipamentos eletrônicos não incomodem você por 30 a 60 minutos, deixe papel e caneta por perto.

Essa é uma ferramenta que podemos usar em várias situações, principalmente naquelas que precisamos de respostas para nós mesmos e naquelas que o mundo demanda uma resposta de nós.

Comece respirando profundamente, você deve se conectar com uma dimensão por vez. Eu costumo começar pela razão, mas fique à vontade para começar por qualquer uma das quatro. Em silêncio, observe como você vem se relacionando com ela: escutando, acolhendo, rejeitando, implicando, por exemplo. Permaneça alguns minutos nessa observação. Em seguida, busque uma aproximação mais pro-

---

* HAN, Byung-Chul. *A sociedade do cansaço*. São Paulo: Vozes, 2015.

** KAHNEMAN, Daniel. *Rápido e devagar: duas formas de pensar*. 1. ed. Rio de Janeiro: Objetiva, 2012.

funda com essa dimensão, até que você fique à vontade para pedir um conselho a ela. Trate-a como se ela fosse uma sábia conselheira em sua vida. Seja receptivo e acolhedor, mantenha a escuta ativa, evite julgamentos e críticas ao que escutar. Pode ser desconfortável a primeira vez que fazemos esse exercício. Você notará que, com algumas dimensões, será mais fácil; com outras, nem tanto. Afinal, algumas são mais íntimas; outras, quase uma estranha em nossa vida.

Uma etapa importante dessa ferramenta é anotar, pois, como acontece nos sonhos, as informações que você acessar durante o exercício podem se perder ao longo do dia.

- **Mensagem da Razão** 📖
- **Mensagem da Emoção** 📖
- **Mensagem da Intuição** 📖
- **Mensagem da Sensação** 📖

Não há contraindicação na aplicação dessa ferramenta e pode ser usada sem moderação. Quanto mais treino, mais autoconhecimento. As mensagens podem vir como um conselho, um pedido, uma crítica ou um elogio.

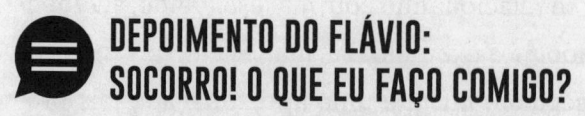

DEPOIMENTO DO FLÁVIO: SOCORRO! O QUE EU FAÇO COMIGO?

"O que eu faço? O que eu faço?"

Eu tinha tanta vontade de produzir e queria fazer tantas coisas ao mesmo tempo, que precisava de ajuda para saber o que fazer com tanta energia.

Sou Engenheiro de formação, Técnico em Eletrotécnica, Eletricista e tenho pós-graduação em *Marketing*.

Foi a primeira vez na vida que procurei e fiz um processo de Mentoria. Eu tinha acabado de me casar e de me tornar pai. Minha energia não tinha fim, queria fazer vários projetos ao mesmo tempo, administrar a vida pessoal e ainda descobrir que caminho escolher em seguida.

"O que eu faço com a minha vida agora e todas essas vontades? Tem muita coisa!"

Minha cabeça ficou um nó.

Eu não tinha dúvidas sobre a minha capacidade, mas hoje eu percebo que, justamente o meu excesso de energia e vontade de produzir, me levaram a um pouco de confusão.

Eu precisava eliminar ideias, mas ainda não sabia disso.

O processo com a Rebeca me trouxe a visão sobre os ciclos da vida, os chamados setênios, e justo na fase em que eu ainda ia ter a minha primeira filha. Foi um momento complexo para mim. Eu a procurei para que ela me ajudasse a enxergar meu planejamento de vida, já que eu não sabia se ia por um caminho, por outro nem onde concentrar a energia.

"Socorro! O que eu faço comigo?"

Era energia demais e eu não sabia canalizar essa força. O que me desperta interesse é sempre aquilo que envolve dinâmica, inovação e novas iniciativas, daí eu gosto de participar, desenvolver e seguir em frente, mas se não for de uma área que eu goste, o foco e continuidade não me acompanham.

Eu tive dez sessões com a Rebeca, mas até os dias de hoje, quando sinto que preciso de ajuda ou uma lucidez, fico feliz por poder pensar nela:

— Eu sei que ela está lá, pronta para me ajudar!

O interessante de nossa relação é que nós nos vemos e nos falamos muito pouco, mas, toda vez que isso acontece, tenho a sensação de que ela sabe o que está acontecendo na minha vida, apesar de não conviver comigo. Ela sempre tem uma profunda compreensão sobre quem eu sou e o que eu estou vivendo. Além das respostas que preciso em todo momento.

A Rebeca me provocou bastante durante o processo, porque eu precisava parar:

— Você está com a cabeça fritando, Flávio.

— Hum.

Ela me encara séria:

— Vamos desenhar!

— Como assim desenhar, Rebeca?

Ela me entrega uma folha em branco e alguns lápis de cor:

— Vai, desenha uma única coisa.

Fico boquiaberto, olhando para ela:

— Como assim, uma única coisa?

Ela dobra o pescoço e cruza os braços, aguardando que eu comece. *"Meu Deus do céu!"*

Esses dias foram muito interessantes, porque eu via no semblante da Rebeca que ela sabia exatamente o que estava fazendo, com consciência, enquanto eu não tinha ideia do significado do exercício.

Porém, mesmo esses momentos, que eu não percebia com a clareza de agora, me ajudaram a compreender o quanto eu precisava eliminar ideias para conseguir concentrar a energia no que realmente precisava.

Foi um longo caminho até esse resultado. E foi muito bom!

Na época, os conceitos de corpo, mente, espírito e intuição como as quatro inteligências foi algo incrível! Agregou muito na minha vida!

A Rebeca tem capacidade de envolver o indivíduo, pois ela trabalha pontos sobre a família dentro de uma retrospectiva com pais, irmãos, amigos, cônjuge... Enfim. Ela me fez refletir sobre minha origem até o momento em que estava e como conseguir olhar dali em diante.

"É um processo surpreendente!"

Meu foco mudou, porque ver claramente o que eu não queria e, com isso, ver o que realmente queria.

Eu tinha uma lista enorme, com itens demais, desnecessários e fiquei com uma lista do essencial.

Outro ponto positivo é que, quando eu finalizei o processo, consegui ver a jornada que tinha construído e, a partir dali, o que ainda poderia construir. Vi minhas fortalezas e pontos a serem desenvolvidos.

O processo da Rebeca me ajudou, inclusive, a me preparar para a mudança de empresa que veio depois, que é bem mais robusta, possui um time maior, com pessoas mais seniores e me proporciona interações com o Conselho.

Sou muito grato por ter alcançado tudo isso.

Hoje eu estou bem mais feliz e tranquilo.

Sou capaz de dizer para mim mesmo:

— Calma, você não precisa decidir nada agora, faz parte do processo decidir depois.

Até mesmo uma pausa para tomar um café e respirar eu aprendi com a Rebeca.

E isso fez toda a diferença!

"Eu sei o que fazer agora!"

CAPÍTULO 9

COMO EU CHEGO LÁ

Se quer encorajar alguém
a fazer alguma coisa,
faça com que seja simples.
RICHARD THALER

9

Como trabalhar pessoas adultas, líderes atuais, para que eles observem seus pontos mais fortes, sem desprezar os pontos fracos e trabalhem em prol das oportunidades com o que possuem de bom e, também, prevendo as ameaças?

Existe uma ferramenta incrível para isso, que muda toda a perspectiva de um indivíduo sobre ele mesmo, seu mundo interior e seu entorno, o mundo exterior.

A *SWOT* é uma ferramenta que vem sendo trabalhada há anos no mundo corporativo, mas que também pode e deve ser usada no sentido da vida pessoal.

Na ACI, associamos essa ferramenta a outras, pois elas engrandecem o autoconhecimento e a clareza sobre o caminho profissional e da vida como um todo. Essa ferramenta integra autoconhecimento, o que vem de dentro para fora, com conhecimento, que é o que vem de fora para dentro.

Equilíbrio interno x externo

Existem pessoas que perdem o equilíbrio quando não percebem em si mesmas seu mundo interno. Com isso, até se iludem, acreditando que controlam seu mundo externo, mas o resultado não sai como esperado.

Muitas vezes, até o que pensamos ser uma força, se aplicada em exagero, em desequilíbrio, se torna algo negativo.

Quer ver?

Pessoas otimistas demais enxergam apenas oportunidades. São aquelas que querem fazer tudo, abraçam todas as possibilidades que aparecem e não pensam em possíveis ameaças, pois estão focadas demasiadamente em serem otimistas. Negam qualquer possibilidade de algo dar errado. Ficam de certa forma na euforia. E se perdem!

Por outro lado, pessoas pessimistas só olham para as ameaças. Recusam-se a tentar qualquer possibilidade, porque, antes de uma tentativa, já acreditam, que nada vai dar certo. E mesmo que tentem, não dá, porque agem seguindo nessa direção: *"não vai dar certo!"*. Então, não dá! E nada sai do lugar.

Nosso desafio na ACI é fazer os clientes ampliarem sua visão de mundo por meio das forças, fraquezas, oportunidades e ameaças.

O primeiro ponto e mais importante é definir qual o objetivo da *SWOT*, se é de uma empresa, de uma pessoa, de um projeto ou de um objetivo em específico e, quanto mais detalhado o objetivo, maior a chance de sucesso no uso da ferramenta. A partir daí, podemos preencher os próximos campos, mas sugiro que antes você releia seu inventário de competências.

Sobre suas forças

Do seu inventário, quais são os conhecimentos, habilidades, atitudes, valores e experiências que farão você alcançar seu objetivo em questão?

Sobre suas fraquezas

Do seu inventário, quais são os conhecimentos, habilidades, atitudes, valores e experiências que faltam para alcançar seu objetivo em questão?

Aqui, além de reler seu inventário de competências, revisite seu exercício de *Benchmark*.

Sobre ameaças

Quais são as ameaças que o mercado, área ou empresa que você atua ou pretende atuar oferecem?

Para responder a essa pergunta, você precisará dedicar algum tempo para estudar o assunto, mas isso poderá evitar que as ameaças e riscos externos se concretizem.

Sobre oportunidades

Quais são as oportunidades que o mercado, área ou empresa que você atua ou pretende atuar oferecem?

Para responder a essa pergunta, você, também, precisará dedicar algum tempo para estudar o assunto, mas o retorno vale a pena, pois é muito mais promissor conduzir nosso plano de ação ciente das oportunidades externas.

Pode parecer óbvio, mas é comum um cliente não conseguir responder às perguntas sobre as oportunidades e ameaças, por desconhecer as características de sua área de interesse.

Por incrível que pareça, algumas vezes esse interesse já existe há muito tempo, mas a pessoa nunca parou para estudar e analisar o cenário.

Por estarem no ambiente externo, embora alguns ignorem, não temos controle sobre as ameaças e oportunidades, mas podemos usar nosso ambiente interno, forças e fraquezas para obtermos os resultados almejados. Sugiro construir a *SWOT* para planejar uma Carreira Saudável e ser um Líder Sustentável.

Nossos clientes são orientados a identificar pelo menos cinco tópicos para cada item para que, ao término, ele possa ter pelo menos 20 reflexões visando esboçar seu plano de ação para realização de seu objetivo.

O que é a análise *SWOT*?

SWOT é uma ferramenta que já vem sendo aplicada há muito tempo no mercado profissional, seja para lançamento de produto ou planejamento estratégico, sendo usada para vários objetivos. Conhecida pela sigla *SWOT* ou FOFA, que é a sigla para *Strenghts* (Forças), *Weaknesses* (Fraquezas), *Opportunities* (Oportunidades) e *Threats* (Ameaças).

Na ACI, aplicamos essa ferramenta para ajudar nossos clientes a analisar cenários considerando os fatores internos e externos.

De onde surgiu o *SWOT*?

A ferramenta *SWOT* surgiu de um projeto de Albert S. Humphrey para a Universidade de Stanford, em 1960, e, desde então, tem sido aplicada com sucesso em várias áreas profissionais. Na ACI, nós a utilizamos também para o desenvolvimento pessoal de nossos alunos, clientes e empresas.

Por que usar a análise *SWOT*?

Esta ferramenta nos permite o conhecimento de forma simples e clara sobre quatro pontos sobre nós mesmos e nosso meio, no sentido de mundo interno e externo. Ter esse conhecimento traz a possibilidade de relacionar melhor esses dois mundos.

Em primeiro lugar, é feita uma análise do nosso mundo interno, registrando nossos pontos fortes, como: conhecimentos, habilidades, atitudes e experiências. Também olhamos para nossos pontos fracos, a ausência de alguma competência. Em seguida, olhamos para o mundo externo, em busca de ameaças e oportunidades.

⚙ NONA FERRAMENTA: SWOT PESSOAL

Como fazer a análise *SWOT*?

Nesta etapa, sempre sugerimos aos nossos clientes que consultem a ferramenta "Inventário de Competências", em que eles já refletiram sobre seus pontos fortes e a ferramenta de *Benchmark*, pois lá identificaram algumas lacunas de competência.

Então, após reler seu Inventário de Competências, escreva suas forças. Se for mais fácil para você, entenda a palavra força como conhecimento, habilidade, atitude, valores e experiência que já possui e poderá ser usado para realização do seu objetivo.

Após reler o exercício de *Benchmark*, escreva suas fraquezas, não precisa se ater apenas nas reflexões do *Benchmark*, mas nesse quadrante deve estar listado conhecimentos, habilidades, atitudes, valores e experiências que serão necessários para realização do seu objetivo, mas ainda você não possui.

Pesquisar sobre sua área de interesse, conversar com pessoas que já atuam ou atuaram nela, será de grande valia para identificarmos oportunidade e ameaças. Conhecer os territórios que estamos caminhando ou pretendemos caminhar faz toda diferença para uma Carreira Sustentável ou não.

A *SWOT* pode ser feita por qualquer um a qualquer momento. Essa ferramenta trabalha os pontos mais centrais e importantes na vida de uma pessoa, traz autoconhecimento, melhora a performance profissional, aborda o que pode ser aprimorado, prevê e reduz ameaças, identifica oportunidades e ajuda a desenvolver uma Liderança Sustentável.

É um exercício transformador, porque traz clareza e direcionamento.

Exercício *SWOT* pessoal 📖

Reserve um tempo para você refletir os quatro quadrantes do *SWOT*.

Comece relendo seu exercício sobre o objetivo. A análise *SWOT* terá um resultado diferente para cada momento.

Preencha a tabela a seguir e analise cada um dos quadrantes, registrando pelos menos cinco tópicos em cada um deles.

Este exercício pode ser transformador para a sua vida.

AMBIENTE INTERNO (Forças e fraquezas do profissional)	
FORÇAS	**FRAQUEZAS**
OPORTUNIDADES	**AMEAÇAS**
AMBIENTE EXTERNO (Oportunidades e ameaças)	

Agora é sua vez, dando continuidade ao seu aprendizado, reproduza esta tabela, preencha os quadrantes e, em seguida, identifique as ações necessárias para:

- Aplicar com a máxima potência suas forças em prol de seu objetivo;

- Preencher as lacunas de competência destacadas como fraqueza considerando seu objetivo;
- Não permitir que ameaças se transformem em problemas;
- Aproveitar ao máximo as oportunidades.

DEPOIMENTO DA BRUNA. POR QUANTO TEMPO UM SONHO PODE ADORMECER EM NÓS MESMOS?

Eu nem me lembrava mais daquele sonho, até o momento em que passei pelo processo com a Rebeca.

Eu tinha trinta anos e vivia a vida em função do trabalho. Apesar de ter uma filha, a maior parte do meu tempo, energia e dedicação eram voltados para a vida profissional.

Foi por isso que eu cheguei até ela. Eu sabia que a minha balança não estava equilibrada e precisava reaprender sobre como viver novamente as outras esferas da vida.

Logo de início, uma das afirmações da Rebeca foi:

— Bruna, você não vai aprender a nadar lendo um livro!

Isso, porque ela percebeu que o que eu mais gostava de fazer na vida, naquele momento, era trabalhar e estudar.

E ela continuou:

— Você tem que se jogar na piscina para que possa aprender!

Ainda assim, eu não conseguia pensar em nada para a vida pessoal.

Eu sabia que precisava ter outras atividades, viver sob outros aspectos, já que o corpo é como uma máquina e o cérebro é a inteligência do corpo, mas por mais que eu tentasse pensar em algo, não saía do lugar.

Então, durante o processo, ficamos pensando juntas sobre algum projeto que eu pudesse definir para a minha vida pessoal, com objetivo, meta e data.

A Rebeca sugere categoricamente:

— Vamos determinar algo que não seja trabalho.

Tenho uma ideia que acho fantástica:

— Vou estudar para a certificação internacional mais top do mercado financeiro: o CFA (*Chartered Financial Analyst*).

Ela me olha torto:

— Isso não vai servir.

"Por que não?"

— Tá... Então, eu vou aprender a pintar, porque a minha filha gosta de pintar, posso fazer isso junto com ela.

A Rebeca me olha de lado outra vez:

— Isso também não serve...

"Caramba..."

Fico um tempo pensativa e consigo elaborar outra coisa:

— Bom, vou aprender a cozinhar.

Mas ela me questiona:

— Por quê?

— Porque a minha mãe vive me dizendo que eu deveria cozinhar.

Mais uma vez, ela me olha torto:

— Isso também não serve.

"Mas por que não?"

— Rebeca, não estou entendendo...

Ela me faz perceber que os motivos de todos os projetos não eram para mim, pois o primeiro seria para aumentar as oportunidades no trabalho; o segundo, pela minha filha; o último, pela minha mãe.

Consegui compreender que ela estava certa, pois eu precisava de um projeto que fosse meu.

"Ai, meu Deus!"

Falo, meio sem jeito:

— Rebeca, tem uma coisa, mas é uma coisa meio maluca...

— Fala!

— Eu queria subir o Everest um dia!

Ela sorri:

— Pronto, perfeito!

"Ai, meu Deus! Ela disse perfeito?"

Ela concorda e explica que este projeto não seria pelo trabalho, nem pela minha filha ou pela minha mãe:

— Isso é para você!

Definimos o projeto com duração de cinco anos. E ela me orientou a buscar informações sobre o tema na internet e falar com pessoas que já tenham vivido essa experiência de subir até o topo do mundo.

Mas por que eu decidi isso?

Existiam algumas sementes plantadas em mim que, de certa forma, eu tinha me esquecido totalmente delas. E foi o processo da Rebeca que me fez olhar para isso, para a parte mais esquecida dentro de mim mesma.

— Foi incrível!

A primeira semente aconteceu em 2005, quando eu tinha dezessete anos, assistindo a uma palestra chamada "Meu Everest", na qual um alto executivo contou que era uma pessoa bem-sucedida, tinha uma família linda, mas sentia que estava faltando algo e por isso resolveu fazer um projeto fora da sua zona de conforto, que se transformou na sua ida ao Everest.

Eu imaginei que aquilo fosse extremamente caro, impossível para a maioria das pessoas.

Muitos anos depois, a segunda semente veio por meio de um filme chamado *Everest*, que vi no cinema. Foi uma experiência muito vívida para mim, pois eu me senti como se estivesse lá: na montanha, escalando aquilo tudo. E em meio ao roteiro, percebi que o valor para a façanha não era algo tão inviável assim.

A terceira semente veio por meio de uma reportagem que vi numa revista em 2015. Outro executivo, após um *burnout*, começou a escalar montanhas e viu que aquilo era algo muito bom para a vida dele, e seu sonho se tornou fazer os sete cumes, incluindo o Everest.

Esses três episódios me fizeram pensar:

— Eu quero ir para o Everest um dia.

Essa vontade foi crescendo ao longo do tempo, mas depois ficou totalmente adormecida.

Então, depois de todo o meu processo com a Rebeca, eu saí procurando pessoas que tivessem subido o Everest e busquei todo tipo de informação. Conheci pessoas que realizaram esse sonho e fui até as melhores opções relacionadas ao meu projeto.

— Então, você quer subir o Everest? – me perguntam na agência especializada.

— Sim, eu quero!

Eles me explicam que eu devo seguir um planejamento de cinco etapas...

— Se você passar nessas etapas, você pode ir!

Olho no papel:

1. Um curso de escalada em rocha, no Brasil;

2. Um curso de escalada no gelo, na Bolívia, com simulações de quedas e dificuldades para aprender a sobreviver no universo de montanhas geladas;

3. Subir vulcões no Equador, para ganhar experiência em altitude;

4. Subir o Aconcágua;

5. Subir o Everest.

Eu me percebo com um sorriso de orelha a orelha ao ler o número cinco.

"Eu vou subir!"

Nesse dia, conheci quem se tornaria a primeira negra-latino-americana a subir o Everest, acompanhei todo o seu processo e realização, a tendo como fonte de inspiração. E foi justo ela que, após a pandemia e uma longa pausa nos meus planos, quem me convidou para ir com ela no acampamento base do Everest, o que seria um grau menor do que realmente queria fazer, mas um grande passo:

— É claro que eu vou!

Para cumprir o meu projeto, tive que fazer atividades físicas e comecei com corrida e academia. Eu finalmente estava olhando para as outras esferas da minha vida. E por mim!

Eu fui para o Everest há poucos meses, enfrentando o frio e a altitude para chegar ao acampamento base.

Decidi dar esse primeiro passo para sentir dentro de mim se, após encarar a montanha, ainda ia investir no projeto ou parar por ali. E quando cheguei lá, o desejo só ficou mais vívido.

Levei uma camiseta da bolsa de valores, pois no mundo dos investimentos há predominância masculina, tanto quanto nas montanhas e tirei uma foto para lembrar que:

— Lugar de mulher é na bolsa, na montanha e onde mais elas quiserem!

Foi muito significativo para mim e hoje eu contribuo com o empoderamento de outras mulheres a partir da minha experiência. É muito gratificante ter vivido tudo isso.

Essa viagem é absolutamente transformadora, porque nos tira da zona de conforto, a gente passa a dar valor a tudo, de outra forma. Em todo esse trajeto, tudo é escasso, difícil, não há dinheiro que possa mudar a realidade dessa dificuldade e isso muda a nossa forma de enxergar a vida.

Falta o ar, tem que ficar atento com a água, o banheiro em alguns vilarejos é um buraco no chão; a comida é diferente, a cultura. Se passa muito perrengue com o frio, formigamento nos dedos, na boca; mal de altitude, nenhum corpo está acostumado com isso.

A Montanha nivela as pessoas, não importa se houver um bilionário no grupo, não vai fazer diferença, vai ser tudo igual para ele também. Não tem nada cinco estrelas no caminho pelos vilarejos.

Subir o Everest não é só uma questão de preparo físico, mas mental e psicológico, tem que se estar muito determinado para cumprir um projeto desses.

Não foi só o Everest, mas a Rebeca me mostrou que eu posso conseguir coisas grandiosas, não só no trabalho, mas naquilo que faz parte da minha vida pessoal.

Ela é objetiva, tem empatia e soube me fazer perceber que, sendo cem por cento *workaholic*, eu estava vulnerável a qualquer *feedback* negativo, pois apenas um pilar não sustenta uma vida equilibrada. É preciso ter todos os pilares sendo vivenciados para que, quando um afrouxar, a gente possa se sustentar nos outros.

Foi essencial para mim perceber isso a tempo de reviver o sonho que estava adormecido em mim.

Fui para o Everest no acampamento base. Ainda faltam os cinco passos, mas não falta mais nada para manter o meu sonho vivo a ponto de realizá-lo.

— A Rebeca me mostrou que o que eu precisava já estava dentro de mim!

CAPÍTULO 10

MÃOS À OBRA

A felicidade não pode ser alcançada apenas com o desejo de ser feliz, ela deve vir como a consequência não intencional de se trabalhar para um objetivo maior que si mesmo.

FRED KOFMAN

10

Chegamos à última ferramenta disponibilizada neste livro!
Lembrando que, na ACI, temos mais de trezentas ferramentas que ajudam pessoas a se desenvolverem e se tornarem líderes cada vez melhores. E antes disso, a se redescobrirem e se colocarem na vida como líderes de si mesmas.

Todo o nosso conhecimento está disponível para quem chega até nós. Trabalhamos de forma integrativa, formando Líderes Sustentáveis com carreiras realmente saudáveis.

A nossa trajetória até aqui com você, leitor, assim como com nossos clientes, é o trilhar de uma jornada que começa com um objetivo, que pode ser a realização de um sonho, de um projeto ou mesmo de uma recolocação profissional.

— Quer dizer que esse caminho é exatamente igual para quem quer buscar o propósito de vida ou para quem quer apenas mudar de trabalho?

Sim e não!

Sim, porque as ferramentas e ensinamentos deste livro podem ser aplicados para ambos os casos.

E não, não é o mesmo caminho, porque cada trajetória realizada com toda e qualquer pessoa é única e cada momento também.

Não existe ninguém igual a ninguém. Somos seres únicos.

Não ocorrem caminhos de vida iguais porque, simplesmente, não existem pessoas idênticas, com as mesmas origens, histórias, conhecimentos, habilidades, personalidade e experiências de vida.

Para nós da ACI, reconhecer a jornada de cada um de nossos clientes e fazer parte desse percurso faz com que nos sintamos honrados, pois é como visitar a intimidade de cada um, olhar para ela profundamente, sem qualquer julgamento, mas direcionando e acolhendo, a partir de uma percepção externa e profunda, trazendo novos olhares para o nosso cliente. Assim como para você que nos acompanha até aqui.

Como chegamos ao Plano de Ação?

Relembre.

Definindo o Objetivo

Iniciamos nossa jornada pela primeira ferramenta que chamamos de Definindo o Objetivo.

Na Introdução deste livro, você pôde conhecer a minha história e como ela se entrelaçou, setênio a setênio, com meus objetivos e um propósito maior, alinhado aos meus valores e visão de mundo, que foram sendo reconhecidos, forjados e aprimorados com o tempo, pela vida e por mim.

O principal aprendizado da ferramenta Definindo o Objetivo vem a ser a aquisição de foco, para que nosso potencial não se disperse. Todos temos potencial, mas se não desenvolvemos o foco, essa potência enfraquece.

Ter clareza de nosso objetivo é essencial, pois nos faz olhar para aquilo que a gente quer. Torna-se o alvo para ser concretizado lá na frente.

Por isso, a importância de se quantificar a realização do(s) objetivo(s): por meio de um número de clientes, acúmulo de dinheiro, pontos de venda, ou até mesmo quantidade de filhos.

Um objetivo deve ser quantitativo para que possa ser medido, compreendido pelo cérebro e, posteriormente, reconhecido.

Você se lembra do meu objetivo no início deste livro?

Pois bem: beneficiar milhões de pessoas com a metodologia que criei.

E quais evidências mostrarão que estou me aproximando de meu objetivo:

- Fazer com que esse livro se torne um *best seller*;
- O livro se tornará uma palestra internacional;
- Teremos milhares de pessoas formadas em nossa metodologia.

Em números: uma quantidade de vendas suficiente para o livro entrar na lista de mais vendidos e um número de países ou continentes onde a palestra acontecerá.

Nossos objetivos podem ser diferentes em várias fases da vida, mas é importante que sejam reconhecidos para que possam ser trabalhados e alcançados um dia.

Quanto mais claro e específico, melhor.

Uma vez que definimos nosso objetivo, vamos para a segunda ferramenta, que nos leva à origem de nós mesmos, onde tudo começou.

A Origem

Nossa segunda ferramenta costuma ser uma grande surpresa para nossos clientes, que estão habituados com a impessoalidade do mundo corporativo. A ferramenta Origem permite um mergulho do ser humano em si mesmo, por intermédio de sua história, sua ancestralidade, seus pais, seus filhos e os significados dessas vivências na vida delas, a ponto de serem influenciadas até o momento atual por essas experiências e pessoas.

A Origem cria um momento de resgate, de reencontros, para que os clientes possam ter mais clareza sobre sua constituição enquanto ser humano.

É uma redescoberta.

Eu costumo dizer que a Origem é a sessão na qual os clientes encaram seu retrovisor. Nesse, olha-se para trás para melhor se conduzir para frente. Nessa sessão, eles olham para trás, rumo à compreensão das coisas que aconteceram antes: a forma que nasceram, a maneira como foram concebidos, como seus pais viam o mundo e o quanto isso influencia sua carreira, relacionamentos e como tudo impacta na forma que, literalmente, caminham e caminharão no mundo.

Essa é a função da Origem.

Reconhecemos nossa origem para chegarmos à próxima ferramenta, com a qual analisaremos o que foi construído a partir de nossa origem.

Biografia

A terceira ferramenta disponibilizada neste livro e, também, para todos os nossos clientes é a Biografia.

Esta ferramenta traz clareza por onde a pessoa andou na vida e no mundo, com suas oscilações, dentro dos seus ciclos de vida.

No dia a dia, a gente costuma olhar as coisas de uma forma linear e plana, nos esquecendo de que a vida é feita de ciclos: temos a primeira infância, segunda infância, adolescência, fase adulta, a maturidade e por aí vai, mas, por não termos clareza dos ciclos passados, acabamos tendo dificuldade em perceber e imaginar os ciclos futuros.

Então, a Biografia vem mostrar a montanha-russa que foi a história de cada um dentro dos setênios. O aprendizado dessa ferramenta é a percepção da vida em ciclos, reconhecida pelas características e funções de cada fase, com todos os aprendizados do período anterior, criando a possibilidade de fases melhores, mais saudáveis.

Depois disso, com essa nova percepção, adquirimos condições de fazer a próxima ferramenta.

Inventário de Competências - CHAVE

Nossa quarta ferramenta se chama Inventário de Competências.

Seguindo nossa história, pela passagem por todas as ferramentas, no Inventário, a pessoa vai perceber o que adquiriu de Conhecimento, Habilidade, Atitude, Valores e Experiências (CHAVE) no decorrer de sua vida.

Ela vai olhar com respeito, atenção e reconhecimento para tudo que fez, que adquiriu em sua jornada, reforçando os aprendizados da Biografia.

Agora, ela está pronta para fazer sua Narrativa autobiográfica.

Narrativa autobiográfica

A quinta ferramenta é a Narrativa autobiográfica.

Quando nossos clientes concluem o inventário, questionamos:

— E agora? Como é que você vai contar tudo isso sobre você? Como você vai contar a sua história? De onde você veio? De que maneira vai falar sobre suas competências?

Esta ferramenta é fundamental, porque se uma pessoa não tiver clareza sobre seu objetivo, ela não será capaz de criar uma boa narrativa, isso porque existem inúmeras formas de se contar a própria história, nosso desafio é alinhar a narrativa ao nosso objetivo.

Perceba como as ferramentas se conectam o tempo todo e se complementam.

Se alguém fosse contar a própria história para agradar cada ser humano no planeta Terra, essa história, possivelmente, seria de uma forma diferente para cada um e isso seria algo impossível. Mas criar uma narrativa única ignorando o que está em nosso entorno, também não seria muito efetivo. Então, a Narrativa tem que estar a serviço do Objetivo. Assim como aconteceu no decorrer de todo este livro.

O Objetivo nos guia constantemente.

Com isso, seremos capazes de construir uma boa narrativa e chegar à próxima ferramenta.

Visão de futuro

A Visão de Futuro, a sexta ferramenta, complementa o aprendizado obtido com a Narrativa Autobiográfica.

Veja! Além de estar alinhada ao seu objetivo, a Narrativa deve ser o seu passaporte para sua visão de futuro.

A Visão de futuro deve priorizar o equilíbrio entre a vida profissional e a pessoal, compreendendo o futuro em ciclos.

Cada ciclo virá com uma demanda específica e não é só uma questão temporal. Não se limita ao pessoal e profissional, mas você tem seus companheiros de viagem que também vão amadurecendo, envelhecendo, chegando e partindo ao longo dos anos: filhos chegam, pais se vão, assim como nossos avós. Alguns empregos chegam, as carreiras mudam. É essa percepção que a Visão de futuro nos traz.

A grande verdade é que isso é assustador para a maioria. Poucos querem pensar sobre isso. Como visto neste livro, o ser humano não é muito bom em planejar o futuro. Ou pulamos lá para frente como se o futuro fosse um único ciclo que começa agora e termina lá na velhice, ou o ignoramos, como se ele não existisse. Criar uma Visão de Futuro é algo que precisa ser trabalhado e treinado, para que se torne um hábito natural.

E é por isso que a gente chega à próxima ferramenta.

Temos um grande apoio para nossa Visão de Futuro com a ferramenta *Benchmark*.

Benchmark

O *Benchmark*, a sétima ferramenta, nos motiva a olhar para algumas pessoas que já alcançaram o objetivo que eu busco, já chegaram lá e têm experiência da trajetória que eu ainda preciso percorrer.

Como mamíferos, aprendemos olhando e observando, imitando os demais, que já sabem fazer algo que ainda não sabemos, assim como na infância.

— Mas, então, eu vou ser um clone de alguém? Tenho que imitar uma pessoa e ser igual a ela?

Não, até porque, no *Benchmark* extraímos o aprendizado para podermos fazer de forma autêntica.

Quando escolhemos nossos *Benchmarks*, olhamos para pessoas que já alcançaram algo semelhante à nossa Visão de Futuro. Então, elas nos inspiram a encontrar caminhos, não a nos tornarmos iguais a elas.

Para isso, devemos aprofundar nosso autoconhecimento, aprender a escutar nossa sabedoria interior. É de extrema relevância a compreensão da ferramenta a seguir.

Consultando o REIS

Chegamos à oitava ferramenta.

A consciência sobre a importância de integrarmos o REIS: Razão, Emoção, Intuição e Sensação, para que atuem como nossos quatro grandes conselheiros, é o que permite o equilíbrio da vida, dentro da essência de cada ser humano.

Para a realização de vida e da concretização da Visão de Futuro, se faz necessária a apropriação da capacidade do pensar, sentir, se relacionar e intuir. Assim, conseguiremos compreender a subjetividade do ser e integrá-lo ao seu propósito.

Uma Liderança Sustentável está a serviço da Visão de Futuro e indica o quanto o caminho será saudável. Dependerá da capacidade para escutar as quatro dimensões e do equilíbrio entre elas dentro da própria essência.

Para avaliar e entender as ameaças e as oportunidades que estão no caminho de nossa Visão de Futuro, contamos com a ferramenta a seguir.

SWOT

A nona ferramenta é consequência desse caminho.

A ferramenta *SWOT* vem para nos ajudar a harmonizar mundo externo e mundo interno.

Lembre-se de que a Visão de Futuro é objetiva e acontece do lado de fora, onde a *SWOT* também atua, porque ela vem justamente integrar o mundo interno e o mundo externo: forças e fraquezas (mundo interno), ameaças e oportunidades (mundo externo).

Com isso é possível desenvolver as próximas ações, mapeando as fraquezas e potencializando as forças, olhando seu mundo interno. E depois, você desenvolve um olhar para fora, onde estão as oportunidades e ameaças.

A partir da *SWOT*, criamos melhores condições de chegar ao Plano de Ação. A partir dos aprendizados trilhados até aqui, cada um dos leitores vai poder transformar essas lições em comportamento, mudança de hábito, de estilo de vida para chegar lá: ao objetivo.

O seu Objetivo foi definido no primeiro capítulo deste livro e, a cada capítulo, foi direcionado ao passo e à ferramenta seguinte, até o Plano de Ação, para concretizar o compromisso assumido com você mesmo no primeiro exercício.

Passo a passo, de mãos dadas, oferecemos as dez ferramentas essenciais que possibilitam você a se tornar um Líder Sustentável e ter uma Carreira Saudável.

DÉCIMA FERRAMENTA: PLANO DE AÇÃO

Você chegou à última ferramenta.

Parabéns!

Escrever um plano de ação não é algo que as pessoas fazem espontaneamente, o mercado oferece uma lista enorme de modelos convencionais.

Na ACI, fazemos isso de forma leve e diferenciada, registrando os aprendizados obtidos em cada uma das ferramentas, descobrindo meios de colocar aquele aprendizado de forma prática na rotina da pessoa.

Quando terminamos esse exercício, o cliente fica surpreso e satisfeito com o resultado.

Agora é a sua vez!
Responda às duas perguntas para cada uma das ferramentas:

1. Qual aprendizado obtido com esta ferramenta? 📖

2. Como esse aprendizado pode levar você ao seu objetivo? 📖

Deixe que as próprias respostas apontem caminhos e ajudem você a encontrar as ações que levarão a seu objetivo.

Se for necessário, revisite os exercícios dos capítulos anteriores e perceba o quanto cada ferramenta direcionou você à próxima, e como cada resposta conduzirá ao seu objetivo.

A construção de nós mesmos é simples, envolve um passo a passo, dedicação, paciência, transformação e abertura para que essa mudança ocorra.

O que você decidir escrever aqui é o que criará daqui para frente. Escolha bem o seu futuro.

DEPOIMENTO: ELISABETE.
TUDO COMEÇOU COM UM LÁPIS DE COR.

"E quem diria que um lápis de cor iria mudar a minha vida?"

Eu já conhecia a Rebeca de longa data, pois tinha trabalhado com ela na montadora onde eu estava e fiquei por treze anos. O que me levou ao reencontro com ela foi o meu último ano nessa empresa, porque estava desgostosa profissionalmente, numa fase que não conseguia mais crescer, não conseguia ser promovida.

"O que eu faço?"

Ficava me perguntando:

— O problema sou eu?

Fiquei pensando se o meu tempo nesse emprego já estava se esgotando. Eu não sabia o que fazer. Liguei para a Rebeca, após consultar alguns profissionais, e pedi sugestão de mentoria, sem saber que ela tinha montado uma empresa justamente na área:

— Eu vou atender você, Elisabete!

Então, começamos uma mentoria, que foi uma grande surpresa, comparada ao que tinha conversado com outros mentores, que me deram a perspectiva de arrumar meu currículo, o LinkedIn e a possível recolocação ou desenvolvimento de *soft skills*.

Já a Rebeca disse:

— Não, para tudo, nós vamos voltar lá na sua infância!

— Oi? Como assim?

Um dia, chegou a minha casa um kit com lápis de cor, giz de cera, *post-its*, folhas de papel sulfite, régua, compasso e vários itens.

Eu ri e não entendi de imediato o significado tão profundo do que hoje vejo como um presente.

A forma como eu pude me expressar durante as sessões com a Rebeca foi diferenciada, profunda, sensível e a cada sessão tinha uma atividade diferente, além da análise que ela fazia pelos desenhos que me motivava a fazer.

Foi divertido!

Começamos na pandemia e nossos encontros eram on-line. O processo me permitiu resgatar coisas muito valiosas sobre mim mesma a partir dos setênios, passando pela infância, adolescência, até chegar ao momento atual. Eu comecei a resgatar aspectos da minha personalidade que estavam adormecidos.

Isso me ajudou a resgatar minha essência e entender quem eu era profissionalmente.

A grande verdade é que, pela primeira vez na vida, eu comecei a me descobrir, enxergar minha capacidade como pessoa, como ser humano, assumir o conhecimento que adquiri ao longo da vida e o resgate de tudo que já tinha aprendido, mesmo coisas que eu nem lembrava.

— Caramba, eu sei tudo isso?

Eu percebi que, antes do processo, estava limitada, porque estava há muito tempo num único trabalho, como se a minha capacidade fosse só aquela.

"Eu só sei fazer isso?"

Esse resgate com a Rebeca me mostrou tudo o que eu já tinha feito na minha jornada e isso me mostrou claramente como eu ainda seria capaz de fazer qualquer coisa na vida.

Então, com mais clareza, cheguei à conclusão que meu tempo naquele lugar já estava no fim, porque o ambiente estava nocivo para mim.

Eu e a Rebeca fizemos os mapas mentais, quando ela me questionou firmemente:

— Onde você vai estar em dezembro?

Respirei fundo e respondi com segurança:

— Não mais aqui.

Nas sessões seguintes, nós começaríamos a fazer as entrevistas, testes e treinos para eu concorrer a outras vagas, mas a montadora passou por um corte e eu fui incluída, sendo desligada em setembro.

Liguei para a Rebeca:

— Fui mandada embora no meio da pandemia. E agora?

— Por que você está preocupada? Nós planejamos no seu mapa mental que você ia sair até dezembro, lembra?

"Verdade."

Ela continuou:

— Relaxa, está tudo certo.

Eu me acalmei realmente. Em seguida, informei meu *networking* que havia saído e, incrivelmente, após alguns dias, recebi uma proposta de trabalho e, em uma semana, estava recolocada. Fui para uma empresa de varejo, algo absolutamente novo para mim.

No início, me deparei com o mundo do varejo, com uma dinâmica muito acelerada, com processos totalmente diferentes das empresas que eu já havia trabalhado anteriormente. Pensei em sair, mas ainda estava no processo com a Rebeca e ela me questionou:

— O que você quer da sua vida? Já pensou em ter algo próprio?

— Não, nasci CLT, só sei trabalhar para os outros, não sei fazer nada sozinha.

A Rebeca me olha e me acolhe:

— Então, vamos continuar aqui procurando CLT.

Respondi o quanto sou comprometida com minhas entregas e percebia que a pressão no trabalho não estava funcionando, mas, ao mesmo tempo, eu não queria ir para outra empresa, começar do zero, conhecer equipe:

— Não sei mais se o mundo corporativo é pra mim.

Nesse instante, a Rebeca tinha um grupo de empreendedorismo que ela mentoreava. Então, começamos a trabalhar a questão do CNPJ, fiz um processo parecido com o primeiro, de resgatar o que sabia fazer, para tirar habilidades do que poderia usar e criar um negócio meu. Assim, surgiram ideias muito legais.

Desse processo, nasceu uma grande paixão, o que eu faço hoje nas horas vagas: eu celebro casamentos.

Foi uma experiência muito interessante, que preencheu minha alma e aliviou o estresse que estava passando no trabalho.

Tudo começou com um convite de amigos para celebrar o casamento deles, eu aceitei e me apaixonei pela função de Celebrante Social de Casamento.

Fiz dois cursos para me profissionalizar e recebi minhas certificações, apesar de não serem obrigatórias. Como Celebrante profissional, passei a fazer casamentos personalizados, com ou sem efeito civil, fora dos padrões, ou seja: fora do templo, como cada noivo e noiva sonharam como, por exemplo, fazendo café no altar, com vinhos, padrinhos participando da cerimônia de forma diferente, cachorro, mãe, onde os noivos quiserem: na praia, no campo ou até mesmo na pandemia, num quintal.

Essa personalização fez diferença para meus clientes e para a minha vida. Pesquisei o mercado, assim como estudei financeiramente qual seria o melhor retorno nesse trabalho.

Eu estava há cinco meses com a Rebeca, num processo em construção, quando ocorreram algumas reestruturações na empresa onde eu estava, a minha curva de aprendizado desceu e eu percebi que havia conquistado meu espaço naquele lugar.

— Vou ficar, Rebeca!

— Mas você disse que não queria mais ser CLT?

— Mudei de ideia! Pelo menos por enquanto.

A Rebeca me apoiou em todos os momentos, transformando tudo o que estava vivendo e me ajudando a compreender a mim mesma diante de todas as situações. Nesse momento, faz três anos que estou no varejo, me sinto estabelecida, gostando do que faço, tenho uma equipe com mais de sessenta pessoas e atuo como coordenadora.

Os dois trabalhos me preenchem, me sinto apaixonada pelas minhas duas funções.

Tudo o que aprendi com a Rebeca me tornou outra pessoa.

Não tenho medo mais de perder emprego algum, sei que sou capaz de fazer qualquer coisa.

Antes morria de medo, tinha vários pensamentos, como: *"Não vou achar outra coisa para sobreviver!"*.

Agora, eu não tenho medo de ser quem sou, de expor minhas ideias para quem for, sei me portar e me relacionar. Minha postura é diferente, porque se tornou um posicionamento de gestão, de liderança e empoderamento.

Se algo não der jogo, eu vou embora, sem medo. Ganhei uma coragem incrível com a Rebeca. Nossa troca foi e ainda é intensa, ela está fora da minha caixinha e sempre me ajuda a enxergar o que não estou vendo.

Devo dizer que esse processo é doloroso, porque o autoconhecimento dói. A mudança ocorre de dentro para fora, mas me fez ganhar confiança naquilo que sou e no que sou capaz de fazer.

Esses processos me ajudaram até no meu divórcio, que aconteceu tempos depois. Eu percebi que posso mudar e fazer o que for preciso, sem me submeter a algo ou alguém.

Ter essa autoconfiança foi incrível!

"E tudo começou com um lápis de cor..."

A Rebeca coloriu a minha vida e a minha alma.

CAPÍTULO 11

SOBRE PROPÓSITO, LEGADO E EPITÁFIO

A nossa mais elevada tarefa deve ser a de formar seres humanos livres que sejam capazes de, por si mesmos, encontrar propósito e direção para suas vidas.

RUDOLF STEINER

11

Gostaria de agradecer a sua companhia e confiança em me acompanhar até aqui.

Nos últimos 20 anos de ACI, percebo que nossa metodologia evoluiu muito, e não podia ser diferente, num cenário no qual a tecnologia mudou a forma com que nos relacionamos com a vida e derrubou as barreiras geográficas. A complexidade de suprir a necessidade de oito bilhões de seres humanos que vivem cada vez mais e experimentam realidades muito distintas, demanda um novo olhar não apenas sobre o que devemos fazer, mas principalmente sobre quem queremos ser. Qual legado queremos deixar depois de nossa partida?

Costumo dizer que não tenho certeza para onde vamos, mas sei que todos nós, em algum momento, partiremos. Podemos deixar nosso epitáfio sob responsabilidade de terceiros, ou podemos assumir o compromisso de escrever a forma pela qual queremos ser lembrados e nos dedicarmos de forma saudável e sustentável para deixarmos nosso legado, que nada mais é do que a materialização do nosso propósito, que será construído ao longo de nossa carreira.

Meu propósito de vida é ajudar pessoas a criarem suas histórias, compartilhando o conhecimento que venho adquirindo ao longo da vida com o maior número de pessoas para que elas encontrem seu propósito, sejam líderes sustentáveis e tenham uma Carreira Saudável, pois é o que eu acredito que vai transformar o mundo em um lugar melhor para nós e para as gerações futuras.

E você... Qual o seu propósito?

Qual será o seu legado?

O que estará escrito em seu epitáfio?

Encerro aqui desejando que você em suas buscas tenha uma Carreira Saudável e seja um Líder Sustentável.

Referências bibliográficas

BARRETT, Richard. *A organização dirigida por valores – Liberando o potencial humano para a performance e a lucratividade.* São Paulo: Alta Books, 2017.

BROWN, Brené. *A coragem de ser imperfeito: como aceitar a própria vulnerabilidade, vencer a vergonha e ousar ser quem você é.* São Paulo: Sextante, 2016.

FRANKL, Viktor. *Em busca de sentido: um psicólogo no campo de concentração.* São Paulo: Vozes, 1991.

GALLO, Carmine. *Storytelling: aprenda a contar histórias com Steve Jobs, Papa Francisco, Churchill e outras lendas da liderança.* Rio de Janeiro: Alta Books, 2019.

GOLEMAN, Daniel. *Inteligência emocional.* Rio de Janeiro: Objetiva, 1996.

HAN, Byung-Chul. *A sociedade do cansaço.* São Paulo: Vozes, 2015.

KAHNEMAN, Daniel. *Rápido e devagar: duas formas de pensar.* 1. ed. Rio de Janeiro: Objetiva, 2012.

KELLER, Gary & PAPASAN, Jay. *A única coisa: a verdade surpreendentemente simples por trás de resultados extraordinário*s. São Paulo: Sextante, 2021.

MASI, Domenico De. *O trabalho no século XXI: Fadiga, ócio e criatividade na sociedade pós-industrial.* São Paulo: Sextante, 2022.

SALDANHA, Vera & ACCIARI, Arlete S. *Abordagem integrativa transpessoal. Psicologia e transdisciplinaridade.* São Paulo: Inserir, 2019.

SCHWAB, Klaus. *A quarta revolução industrial*. São Paulo: Edipro, 2018.

SINEK, Simon. *Comece pelo porquê: como grandes líderes inspiram pessoas e equipes a agir*. 1. ed. São Paulo: Sextante, 2018.

ZOHAR, Danah. *QS: Inteligência espiritual*. São Paulo: Viva Livros, 2012.